104

臺北市復興北路三八六號

三民書局股份有限公司收

廣告回信

台灣北區郵政管理局登記證

北台字第10380號

（免貼郵資）

姓名： 性別：□男 □女

出生年月日：西元 年 月 日

地址：

電話：（宅） （公）

E-mail：

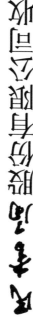

三民叢刊 278

莎士比亞的政治語言

謝鵬雄 著

三民書局印行

自序

謝鵬雄

自有群居人類以來，人即成為「政治的動物」，而人與政治的關係也愈來愈密切，愈來愈尖銳。

在可回顧的數千年的政治運作中，政治與名譽、權勢、利益、社會安定及人民幸福的牽涉急速升高。想推行仁政王道的人、以天下為己任的人、志在權力的人，及希圖攫取利益的人，都關心政治、問鼎政治、擠進政治、玩弄政治，使政治運作在無休止的淬練中，成為高深而詭異的藝術。時至今日，政治無疑地已成為人類社會中，最令人嚮往，又令人懼怕；最需要，又最令人不放心；最有貢獻，又最禍害人民的事情。如何去其禍害，絕其名利，箝制野心，造福人群，成為每一時代最迫切的課題。

在這個課題下，歷代聖哲、名人、政治家，嘔心瀝血，殫精竭慮，說了許多對政治的期望、見解、寸評、警告、警語 (epigrams)，乃至解頤的對話 (repartee)。本書的前半「名人的政治語言」

中引述了中外古今一些政治相關的名言，引伸其義，以為他山之石，以明政治原也可以這麼想、這麼做、這麼說。讀者閱之，或「於吾心有戚戚焉」，而有助於了解眼前的事，屬於什麼等級的心術或作為。

即使在很泛政治的今日社會裡，人也應有政治的假日，在某些時間裡忘記政治，過與政治無關的生活。在本書的下半部「凡人的生活語言」中，筆者從生活的許多角度，特別是多數人不大會去想到的角度，漫談人的觀念、心機、生活、死亡、謙虛、虛榮、分類、浪漫、有無，乃至躺在海灘上的意義，及雜草的用處。希望讀者看了，能自然綻出一絲微笑，有助於紓解日常的壓力。

本書所收文字，大部分於近年中在《中央日報》及《中華日報》等報刊發表過。所言所論，絕非萬世之真理，但亦偶觸及社會人生的盲點及常人心中的機微，願以之與有心人共享。是為序。

二〇〇四年元月於臺北

莎士比亞的政治語言

目次

2 莎士比亞的政治語言

凡人的生活語言

名人的政治語言

學校是什麼地方？

今日的社會，大家都要考大學，大家都要唸大學，這和大家都喜歡讀書，可能是兩回事。因為「教育普及」，教育當局常常公布數字。說大專畢業者占總人口的百分之幾十幾，高中畢業者已占百分之幾十幾。於是大學畢業，成為最基本的學歷。有此學歷者才勉強可望找個事情做，若連這個學歷都沒有，可能畢業就失業，除非有些背景的子弟，否則走到哪裡，都無枝可棲，這就很緊張了。

所以幼稚園的小孩，以能上明星小學為目的。小學生以升明星中學為目的。中學生以升明星大學為目的。一連串的「目的」，最後又以謀得高職，可以混生活為目的。什麼學問、求知、德育、智育、師道早已拋諸腦後了。教育辦到這種地步，實已不堪聞問。而教育主管猶沾沾以「改革」入學方式、變更入學登記之類細微末節為得計，眼看是沒有什麼希望了。

學校，到底是做什麼的地方？三百多年前明末大儒黃宗羲在其著作《明夷待訪錄》中談及學校的功能，曰：「學校，所以養士也。然古之聖王，其意不僅此也。必使治天下之具，皆出於學校，而後設學校之意始備……蓋使朝廷之上，閭閻之細，漸摩濡染，莫不有詩書寬大之氣；天子之所是未必是，天子之所非未必非，天子亦遂不敢自為非是，而公其非是於學校……」

其意認為學校不僅是作育英才之地，還要成研究學術、形成輿論的地方，使治理國家的典章制度都由學校醞釀產生。還要使朝廷的官吏及民間的百姓都受到學園的薰陶和感染而莫不具有詩書之氣、寬弘的胸懷。皇帝說對的，學校未必就認同，皇帝說不對的，學校也未必就跟著反對，最後皇帝就不敢隨便說對或錯，而必須將問題公開在學校討論了。

學校必須培養人才，培養詩書寬厚的風氣，形成輿論，研究典章制度，最後還要凝聚眾意，形成價值的判斷，公決是非善惡……如此高遠繁重的任務，似乎還只有學校擔任得起。不知今日的專家們以為是否？若是，所謂教改應繞著這個根本問題去思考。若不是，也應研究出更好的目標，讓大家明白，不要教學生與家長在填志願卡上團團轉，鬧得雞犬不寧。

「教改」何為？

教育，如果回到它的原點去思考，它是一種教人「讀書寫字」、啟發人去思索、明辨的努力。其目的在促使受教者透過讀書、觀察及思考，明白事理、恪盡為人之道。所以教育，在性質上是一種原則性的，基本的、長久的制度。過去如此，現在如此，未來亦將如此。除非發現什麼重大缺失，沒有什麼必要天天都喊著要去「改革」它。

這幾年來，我們常常聽到在其位、因而自覺必須謀其事的人，高談「教改」，發明教改，實行教改。結果，考試制度也改了，升學途徑也改了，教材也改了，鬧得學生與學生家長們惶惶不可終日，不知如何讀書、準備功課以應付這種「日日新，又日新」的局面。

此地居高位的官員們大概有一種誤會，以為「改革」等同「進步」。不改革就是不進步。況且既在其位矣，若是遲遲不改革，豈不顯得尸位素餐，只做官不做事，將來立委質詢、人民指責，將何以搪塞？於是「改革」成為官員的護身符，官員的口號，甚至作秀的要件，就到處都在喊改革了。上焉者連人民的「心靈」都要拿來改革；中焉者今天改一個制度，明天變一個規矩；下焉者一條馬路都不放過，今天走南北向，明天走北南向。生活在此地的老百姓真有朝不保夕之慨，不知明天一早起來走上馬路到哪一個機關辦事，會遭遇到什麼「別出心裁」的規矩！

就算各種「改革」都有弊有利吧。教育卻是「百年大計」，不能找幾個「專家」談談，簽一紙公文就東改西改的。

和教育相關的因素有數種，一曰人性，二曰知識，三曰智慧，四曰上進。這裡面只有知識是隨著時代會略為變遷而累積的。但教育的真正及可以做到的目的不是灌輸知識，而是啟發受教育者自行吸收知識的能力。

官員們動輒要改制度，但凡百事務皆以制度為依歸，只有教育不是。教育是一種啟發及感動受教者的任務。任何制度皆不能做到使老師與學生之間發生如此高道德水準的交流。只有為師者身教、行教、言教加上春風化雨的熱忱，為學生者有謙虛受教之心，這交流才能成立。動輒「改革」實多增困擾而已。但願官員們也能知過能改，虛心檢討「教改」之無益，懸崖勒馬。

饒了小學生吧

雖然表面上我們的社會，許多官員、議員、教育行政人員、學者、專家，都好像很關心小學生，但小學生的生活、處境多年來似未改善，其「負擔」也愈來愈重。

自從多年前，小學生組成的少棒隊常常在國際比賽中奪得冠軍，這群「少年英雄」就膺任國家榮譽的重任。當時大概因為臺灣不大有什麼人或什麼事能在國際上揚眉吐氣吧。只為少棒隊奪冠軍，許多人就興奮莫名，常常三更半夜守著電視，看棒球賽。一看到又奪冠了，也不管是否是半夜三更就放起鞭炮來，雀躍不已。外國人看到這情形，頗覺莫名其妙。總是說：「也不過小孩子玩棒球嘛，為什麼這麼狂熱呢？」直到今日，有青少年在國際球賽上奪冠，媒體仍然以頭條報導，很少停下來想想：這事，有這麼重要嗎？當然，也還可以深入一點問：如此鼓勵小學生、中學生，拚命練球，遠離這年齡階段應受到的平衡的教育及童年生活，是否為最好的選擇？打球奪冠，果然是那麼光榮的事？爭國家的榮譽是否應該由那麼小的小國民來承擔？

最近，小學生格外的忙起來。因為教育官員東出一個主意要他們學臺語或方言，西出一個主意要他們學英語。這幾天又說他們學習的績效有問題，要舉行檢定考試，了解他們的程度。

我們從前只聽到文官考試有所謂檢定考試。沒想到小學生，小小年紀既不當公務員，也不要升官，卻無端被納入檢定考試的範圍裡。而其所以要接受檢定考試的原因，是因為教育官員「要了解學生學習程度的落差，以便進行補救教學……」云云。

想來小學裡有老師，有級任導師，他們的工作就是教學並了解學生有沒有學會。如今要了解學生學習程度如何，還要大費周章去檢定，把小學生鬧得緊張兮兮。這算什麼制度呢？

我們贊成美國人說的那句話「不過小孩子玩棒球嘛」。是的，不過是小孩子讀些書，能學到說話通順、做人誠實也就可以了。至於方言、英語，他們若有興趣，其父母可以去找名師指點，何須樣樣由政府包辦，派些英語不一定教得好、方言發音各說各話的人去教出許多問題來？至於檢定，不妨省下來，用來考核政府高層官員，是否夠能力、夠認真為民服務。

為何學英語？

最近一陣子，好像從幼稚園小學童到大學生到公務員都對學英語及教英語突然有興趣了。有點「蔚為風氣」，令人啼笑皆非。

所以會啼笑皆非，乃因學習英語這種事，和唱流行歌或上網咖不一樣。不是「蔚為風氣」就能成事的。因此，不論是為了「走出去」或表示有「國際視野」，或為了排斥中國話，均沒有必要製造這樣的風氣。風氣這種東西，缺乏實效的伴隨，很快就會消聲斂跡的。

話說回來，不論風氣或動機，學習英語本身是很有價值的事情。它可帶領人直入英語所涵育的文化裡面去，使人視野開闊，思考明晰，生活豐富。只是，不論英語或任何語言，要學會它，是很不容易的。至少需要數年寒窗，而且迷進去，朝夕攻讀，浸淫其間，才能稍有成就。

說學會英語，到底什麼程度可為「學會」？就文化的意義言之，須學到能以英語閱讀普普通通的書，最好是能閱讀小說，謂之「學會」。因為小說是生活的語言，閱讀小說，就能接觸英語民族的生活、文化及意識形態。在文化意義下，學語言，是為了讀那語言所寫的書。這是目標，也是手段。

所謂手段，是你既開始閱讀小說，那學習語言的辛苦階段可算大體過去了。以後可以快快樂樂地看小說，而看得愈多，英語能力又自然地愈增加。也就是說你就進入一邊享受小說一邊可以提升英語造詣的階段了。以後就不必愁英語「不通」了。

或曰：看小說是多麼難的事情，就是到不了這個階段啊。這話也是實情。但同是小說，有難有易，等而下之可看故事、童話，可以漸次升高。就怕你一聽公務員考核要列入英語能力考核之類荒唐的謠言，或受到「風氣」的影響，急急忙忙去參加「三個月速成班」，或「英語會話班」之類的課程，那就冤枉了。語言哪有什麼可能速成？會話是很實用，但會話語言，稀稀鬆鬆，無情無義、無血無肉。這種語言學了就會，不學就忘了。很難累積到看小說的階段。你要拿定主意，要學英語就學，不想學就不學。不要追風氣，不要起鬨，不要理會政治口號。語言是文化的尖兵。你喜歡那文化，你才學它。學它，也是為了容納更多的文化。

拉丁字母與漢語音

拉丁字母產生於西元前七世紀。其基礎是「伊特拉斯坎」字母。而伊特拉斯坎字母又源出希臘文字。拉丁字母是為了書寫當年義大利半島中部西海岸拉丁部族的語言而誕生。這種稱為拉丁語的語言，從西元前五百年到西元五世紀，共一千年間一直是歐洲最強大的政治實體羅馬共和國（包括後來繼承為帝國的羅馬）的官方語言。當然，它和漢語拼音毫無關係，也不是為了漢語拼音而存在的。直到二十世紀三十年代有人以拉丁字母拼漢語音，稱「新文字」，一九五八年中國大陸公布了「漢語拼音方案」之後，東西兩大語言，才在拼音上發生接觸，結了盟。

這個結盟，不但象徵了涵育東方最精深博大的文化的漢語，要藉拉丁字母的拼音方便全世界的朋友。也再度凸顯了兩千多年來一直為西方學術語言的拉丁文，及已經派生出葡、西、法、義、羅馬尼亞等語言的拉丁字母的榮耀。

今日，任何人若要在漢語拼音及通用拼音這等事情上作意氣之爭，爭論該用哪一種拼音，最好能先想起漢語及拉丁字母在悠久的歷史中曾擔任過多大的角色，承擔過多重的文化任務。

如果只為了某種意氣，不願意與大陸政權既定既行的拼音法相同，而故意在拼音的技術上顧左右而言他，實有愧於使用漢語為主流語言者的身分，也讓外國人看笑話。拉丁字母既然不是為拼音而誕生，則使用它來拼漢語音，不論採行哪一套方式，均只能獲得語音近似效果而已。既有約定俗成、早已通行世界的方式，取其方便而已，有什麼好爭論的？

我們雅不欲責備行政院既決定採用通用拼音法，卻又不敢強行命令遵行，僅以「優先補助」來利誘影響，此做法之令人啼笑皆非。一個政府當他決定一件事之後，有點心虛，有一點因理不直而氣不壯，而不敢強制執行；恃權橫行，猶猶豫豫地只拿出點錢，勸地方政府遵行。我們認為這種「猶豫」，是尚有理性的表現。比色厲內荏，倒行逆施而不認錯要理智多了。但既會猶豫，何不再思三思。不但拼音可以遵從專業輿論，就是國家大計、經濟西進、三通名分、兩岸前途，也都不妨稍以柔軟身段，做理智之討論。

族群對立

人類蠻荒之初，地球上人口少而蟲獸多。男女結合生子而成家族，每個家族據守在一個地方狩獵墾殖或打漁以維生。大約很少受到外來人口的干擾。偶爾有外來人出現，可能遽認為是入侵者，或以威嚇，或以暴力驅之使離去。後來家族繁殖，成為宗族而為族群，對「外族」仍然多採敵視態度，乃因事關本族的生存及利益。在那時候大概尚無共存互利或合作的概念吧。後來人口增加、族群愈來愈多，難免碰頭，接觸既多，流血事件也頻頻發生，這樣的衝突事件到今日在少數原始部落之間還偶爾可見。

打破族群隔離及對立的尖兵，據一部分人類學家說，是一見鍾情的小伙子猛追「外族」少女而造成的。經過相當的時間及流血教訓，人類漸漸覺察到與外族聯姻聯盟之利，小族群於是透過聯盟成為大族群，大族群與大族群之間也漸知道可以透過外交手段和平共處，互相貿易、互補有無，這時候，大約已經歷幾萬年，人類已進入相當的文明狀態了。

在文明的社會裡，有遠見的人，儘量納入異族擴大自己的族群，對別的族群也講究和平相處、互相尊重。在文明的社會裡，人們視族群對立為野蠻、落伍，而愚蠢的行為。像南北戰爭時的美國總統林肯堅持黑人既與白人生活在一起即係美國人，一仗打下來奠定了各種族共和的基礎。

就血統而言，黑人與白人明明是很不一樣的種族。而美國白人接納之，以平等待之。這樣的努力及胸懷，乃造成了今日美國之強大與文明。而今日的臺灣，都是說同樣語言、寫同樣漢字、從同樣地方過來，膚色相同、習慣相同的人之間乃有所謂「族群對立」，令人啼笑皆非。這樣的社會怎能強大、文明？

一九六〇年當時以參議員身分競選總統的約翰・甘迺迪在競選中說：“I am not going to promise a cabinet post or any other post to any race or ethnic group. ...I promise only that. I will not consider them.”（我不承諾會給任何族群或特定人種部長職位。我只保證，我根本不考慮族群問題。）說這種話的人是今日的臺灣很需要的公職候選人。

讀〈朋黨論〉

中國自古有所謂「朋黨」。後來朋黨在民主政治的掩護下，制度化而成政黨。今日的政黨，號稱志同道合者合力報效國家，但也常常只是朋比為奸，圖利分贓而已。

查「朋黨」一詞，自古貶意多於褒意：《戰國策・趙策》：「臣聞明主絕疑去讒，屏流言之跡，塞朋黨之門。」《韓非子・有度篇》：「外內朋黨，雖有大過，其蔽多矣。」《史記・范雎蔡澤列傳》：「禁朋黨以勵百姓。」都是把朋黨視為國家社會之禍患。唯一為朋黨說好話的可能是歐陽脩的〈朋黨論〉。

漢唐以降，朝廷的政爭，有許多是把對方誣衊為「朋黨」而打擊之。常常是爭鬥的雙方都是朋黨，如唐憲宗時牛僧孺與李吉甫之爭，雙方皆結朋黨以為聲援，其爭執還延伸數十年，由下一代繼續鬥下去。

宋仁宗時，范仲淹、歐陽脩等因議論朝政，又反對呂夷簡要廢郭皇后之議，乃被呂夷簡誣為朋黨而加以貶謫。自此朋黨之爭，延續多年。慶曆三年，仁宗起用范仲淹，政敵又再次以「朋黨」之罪名攻擊他。於是歐陽脩作〈朋黨論〉回擊。

〈朋黨論〉之創新處，在歐陽脩將朋黨分為小人之黨與君子之黨。蓋「君子與君子以同道為朋，小人與小人以同利為朋，此自然之理也……故為人君者，但當退小人之偽朋，用君子之真朋，則天下治矣。」

〈朋黨論〉繼續舉堯、舜、紂、周武王之例。曰：「堯之時，小人共工，讙兜等四人為一朋。君子八元、八愷十六人為一朋。舜佐堯退四凶小人之朋，而進元、愷君子之朋，堯之天下大治。及舜為天子，而皋、夔、稷、契等二十二人……為一朋，而舜皆用之，天下亦大治……紂之時億萬人各異心，可謂不為朋矣，然紂以亡國。周武王之臣三千人為一大朋，而周用以興……」

歐陽脩作〈朋黨論〉，雖也是為情勢所迫。但其議論，認同君子之朋黨，排斥小人之聚利，應是今日之政黨，讀之而可以自省的。

事實上今日的政黨，對外發表什麼政治方略、治國言論，一般民眾也聽不懂，有識之士並不相信。但哪一黨的黨員做了什麼事，說了什麼話，乃至如何打口水、吵架、打架，或用粗劣俚語罵人，人民都是聽得清楚，記在心上的。政黨自處之道，大約也只能證明自己是君子之黨，而黨內沒有小人。如果做不到這一點，在人民心目中，政黨也只是瓜分利益的朋黨而已。

農漁業是一種道德

在風俗澆薄、商業掛帥，許多人選擇買賣股票、套匯、炒房地產等不費力的「買賣」賺錢的社會裡，農業、漁業等重勞務的生產事業，除了經濟或物質價值外，有其道德上、政治上及社會學上的意義。

早在西元前一六八年，鼂錯就在其〈論貴粟疏〉中提到重農的必要性，其中有一段文字說到農業的道德價值，他說：「粟米布帛，生於地，長於時，聚於力，非可一日成也。數石之重，中人弗勝，不為姦邪所利；一日弗得而飢寒至。是故明君貴五穀而賤金玉。」

鼂錯又論到農夫生活之苦，五口之家「其能耕者，不過百畝。百畝之收，不過百石。春耕、夏耘、秋穫、冬藏，伐薪樵，治官府……亡日休息。又私自送往迎來，弔死問疾，養孤長幼在其中，勤苦如此，尚復被水旱之災……」。

鼂錯的意思，農民從事農耕如此辛苦而收入微薄，不像商人，「大者積貯倍息，小者坐列販賣，操其奇贏，日游都市，乘上之急，所賣必倍……」所以朝廷應當優待農民而與之方便、鼓勵其繼續生產，以安定社會。

這篇《論貴粟疏》後來收在《漢書‧食貨志》裡面，與賈誼、董仲舒等人的論說同為西漢時期重要思想的代表作。

論中所說之農民農耕之辛苦，迄今日大體上並未改變多少。就是漁民出海捕魚、水邊養殖，其辛苦也是有目共睹的。政府不論從生產、經濟、社會、風俗任何方面考慮，皆應處處為農漁民著想，時時以合宜的政策、保護，並鼓勵農漁民安居樂業。

自古以來，照顧農業、漁業，是政府照顧百姓的重點。即使是昏君、暴君的朝廷都不敢忽視這件事。但今日的農、漁業，面對WTO及環境、海域等問題，競爭激烈，而生存不易。其在某種情況下遊行抗議，不可將之視為和其他政治性遊行相同的秀，而只採取口頭安撫的手段對付之。應理解其真正的問題所在，訂出方法來解決。

換句話說，基於對社會安定的考量，政府應該比農民漁民還要在乎農漁業的永續存在與發展，應比農漁民更焦急地要解決農漁民所面臨的問題。這些問題，多年累積下來，應不只是農會漁會營運不善或超額放貸的問題，而是整個產業結構及社會風俗的問題，也是道德問題。

愛因斯坦如是說

大家都知道愛因斯坦（Albert Einstein）是傑出的科學家，以有名的「相對論」改變了科學界及思想界對物質及宇宙的觀念。但較少人知道這位大科學家對人文的關懷、對猶太人建國及猶太文化的執著，同時也是一位和平主義者，終生反對戰爭。

愛因斯坦對人文、政治、社會的關懷言論甚多。最近在臺北舉辦的愛因斯坦展覽中，特別引述了他於一九五四年二月二十日在「芝加哥十誡協會」發表的演講中的一句話：“I have expressed an opinion on public issues whenever they appeared so bad and unfortunate that silence would have made me feel guilty of complicity.”（每當公共事務變得很壞也很不幸的時候，我都曾表示意見。因為那情況下，如果不說話，我會自覺得有如側身共犯一樣地有罪惡感。）

愛因斯坦的這些話，完全符合傳統中國知識分子不論在不在其位都要盡「言責」的想法。其懷抱及胸襟令人欽佩。

只是，愛因斯坦一生大部分時間在二十世紀的美國生活，從事研究，提出研究成果，貢獻卓著，受人尊敬，動見觀瞻，所說的話大概都受到重視。當然，其在國家社會公共事務變壞的時候，所發表的意見，也在自由社會裡得到相當的重視及接納。他可能無由知道或想起，盡言責並非很容易的事情。不論在中國或歐洲、中東，在專制的年代裡，「處士橫議」受到重視或被有權的人接納的機會非常渺小。而且說的話，發表的意見，如果觸犯了某種禁忌，對說的人是有很大的危險的。歷史上因多言賈禍、殺身亡家的人比比皆是，即使是到了號稱民主的時代，雖然不會說「錯」了話就誅九族，但有權者發動左右打手，大肆詬罵，以惡言穢語相對，把人鬥得身敗名裂，在社會上混不下去，也是常有的事。對於生活在這樣的環境中的人，在公共事務變壞的時候要挺身出來說話，除了不願成為壞事的共犯或承受罪惡感之外，還需要有點道德勇氣的。相信愛因斯坦是有相當的道德勇氣。但如果這道德勇氣一生都未曾用得著，那是他的福氣。而且以愛因斯坦後半生的聲望而言，他表示什麼意見，大概沒人敢提出似是而非的言論，來製造黑白不分、是非難辨的局面。愛因斯坦勇於言其當言是可敬的。世上若有比他可敬的人那是勇於接受他的建議的人。

甘迺迪如是說

一九六一年九月，甘迺迪在麻州議會作競選演說。他說：“For of those to whom much is given, much is required. And when at some future date the high court of history sits in judgement on each one of us—recording whether in our brief span of service we fulfilled our responsibilities to the state—our success or failure...will be measured by the answers to four questions:”（得到很多權利的人就會被要求很多責任。有一天歷史的法庭將會審判我們在短暫的任期內是否盡了對國家的責任。而功過以四個問題來判定：）

甘迺迪認為這四個問題是：

（一）我們是否為勇敢的人(men of courage)。勇敢到能面對敵人，必要時甚至面對同僚、公眾的壓力及個人的貪婪。

（二）我們是否為有見識的人(men of judgement)。能判斷未來與過去。判斷我們的錯誤及別人的錯誤。有智慧能知道並承認自己的無知。

（三）我們是否為廉潔的人 (men of integrity)。從不背叛自己的原則和相信我們的人。不會因金錢利益或政治野心而走上歧途。

（四）我們是否為奉獻的人 (men of dedication)。不把榮譽質押給私人或特定群體，不為私人服務，而是專心一意只為公眾福祉及國家利益奉獻。

最後，甘迺迪說：「勇敢、見識、廉潔及奉獻，是我們的歷史美質 (historic qualities)，我們將使此氣質，成為未來四年內政府的特色。」

甘迺迪在競選總統時，已想到做了四年總統後，將會面對歷史的法庭受到是否盡責的審判。一個總統或總統候選人，第一個應該想到的當然是如何對歷史負責。但過去的歷史如何？未來的歷史要怎麼創造？

從前的帝王，「祖述堯舜、憲章文武」，所以回顧歷史的美質。英明的君主，有時想到古法未必便於後世施行，但仍然以謙虛的心情尊重其在歷史上的地位，多所參酌其原則及文化上的美質。愚昧的君主獨行其是，最後淪為暴君，身敗名裂，在歷史的前面成為千古獨夫。

可惜甘迺迪英年遇刺，美國損失了一個人才。也許有人認為競選演說只不過是一場秀。殊不知，對於文明世界的正人君子 (decent man) 而言，心中若無此理念，說那種話是會臉紅的。何況，這篇演說，就算是秀，也是很有水準的秀，此間頗不多見。

莎士比亞的政治語言

莎士比亞一生寫了許多喜劇、悲劇及歷史劇。都常常上演，也獲得廣泛的注意。但他寫了一齣所謂「問題喜劇」——*Measure For Measure*，較不受人注意。而這齣《以牙還牙》是他觸及政治的少數作品之一。它有一個主題，似乎是主張誠實與有常識的人才能辦好政府。

劇中有幾句女主角伊莎貝拉對著威尼斯的代理領主安其羅說的話，她說："Man, proud man. Dressed in a little brief authority, Most ignorant of what he is most assured, His glassy essence, like an angry ape, Plays such fantastic tricks before heaven..."（人，驕傲的人啊，穿上小小的短暫的威權，對不知的事情那麼自信，就像發脾氣的猴子，在上天面前耍花樣……）這是女主角對著暫時獲得權力的領主硬要把無事的人定罪時所說的話。對白中「穿上小小的短暫的威權」，比中國話的「五日京兆」還要犀利。「在上天面前耍花樣」，幾乎像是形容今日的政客了。

事實上莎士比亞的史劇作品中也有一些是碰觸到政治問題的。如《凱撒大帝》圍繞著凱撒這個人到底是不是野心家？陰謀集團刺殺凱撒，到底是犯罪，還是為羅馬除去了大患等議題發展劇情。劇中陰謀團之一的布魯達斯，及擁護凱撒的安東尼在廣場上針鋒相對的演講。議論縱橫，雄辯滔滔，堪稱古今論難的傑作。布魯達斯為自己辯護，曰：“Not that I loved Caesar less, but that I loved Rome more.”（不是我少愛凱撒，實因我多愛羅馬。）是一句很動人的話，堪為中國話「大義滅親」的註解。

以“Friend, Romans, Countrymen, lend me your ears. I come to bury Caesar, not to praise him...”（朋友、羅馬市民、同胞們，請聽我說。我來埋葬凱撒，不是來讚美他……）開頭的安東尼，說不是來讚美，卻句句褒揚凱撒的所作所為。他說：「但是布魯達斯說他有野心，而布魯達斯是可敬的人！」前前後後說了多少次“Brutus is an honourable man”，深合中國人罵人不帶髒字的要領。

當前的政治人物也常打口水戰。但語言粗鄙、措詞惡劣、應對無狀，內容常讓人看出其教養之缺乏，與心態之不堪。何不收斂一些，省下時間，也看看莎士比亞，看看人家的口水戰打得多麼有氣質！

邱吉爾兩三事

第二次世界大戰爆發後不久，德軍就席捲中南歐各國。當時美國忙於與日本作戰，英國實質上成為單獨與德國作戰的國家，在那樣狀況下，邱吉爾當上了英國首相，擔起了他自稱的為「使命」(Cause)而戰的重任。

在邱吉爾所寫的一套（共六巨冊）《第二次世界大戰》(*The Second World War*)回憶錄中多次提到了「使命」這個名詞。其中有幾件事頗令人感動，讀後印象深刻。

第一件事是他身任首相，對於大小戰役的地理環境，敵我形勢，人力補給數，及勝敗透視都透過可能的資訊，了解得很詳細且常親自指揮。其每日不看到從紐約空運來的《紐約時報》就吃不下早餐，尤令替他送報的人大為緊張。

當德國空軍以優越的條件天天派幾十架轟炸機來轟炸倫敦的那幾個月間，邱吉爾在書中自稱「數月來不曾上床睡過覺」。他每天都是開會時早到五至十分鐘，坐在會議椅上打盹，到了開會時間就被叫醒，會後又趕到別處簡報，又提早十分鐘到以便打盹……如此每天零零碎碎湊合睡覺……云云。這個敘述令人覺得做首相做到廢寢忘食，真真難為了。後來英國空軍健兒每天升空與德機作戰，有一天終於把德空軍打敗，不再來了。邱吉爾額手稱慶，說了一句名言稱讚英國空軍士兵曰：「歷史上從來沒有那麼多人虧欠那麼多，於那麼少數的人。」這句話，以英語寫出，原文為："Never, in the history of human being, has so much owed by so many, to so few."文字簡潔，語言精闢，現已成歷史名言。

另一件事是邱吉爾要求美國羅斯福總統援助一船的補給品。當時美國也正和日本打得很激烈而艱難，但羅斯福很慷慨地裝了一船補給品，開往倫敦，卻在倫敦海峽被德軍潛艇擊沉了。邱吉爾聞訊非常沮喪，正不知如何再向羅斯福開口，卻意外地接到羅斯福來電稱：「已知前船未達，已命另裝一船補給品前往倫敦。」邱吉爾敘述事情經過後只接了一句話："A friend in need is a friend indeed"（患難見真情）。

這件事，令人覺得政治家之間也可以有真友誼的。羅斯福與邱吉爾應算是近代史上兩位傑出的政治家吧。英美等國能成強盛文明的國家，有傑出而無私的政治家是重要原因之一。

勝利及悲劇

在第二次世界大戰期間擔任英國首相的邱吉爾，於大戰後寫了一部大戰的回憶錄《第二次世界大戰》。這部回憶錄長達千萬言，詳細敘述大戰經過。大戰前後的政治交涉、聯軍的形成、德軍的空襲、戰爭的細節，以及他本人與美國羅斯福總統之間的相互支持及相互信賴。全書分成六巨冊，最後一篇的標題取名〈勝利及悲劇〉(Triumph and Tragedy)。在書中，他解釋取名〈勝利及悲劇〉的原因曰："The overwhelming victory of the Grand Alliance has failed in so far to bring general peace to our anxious-world."（聯軍的壓倒性勝利終也未能為不安的世界帶來全面的和平。）

很諷刺地，事隔五十年，今日英美聯軍在伊拉克的壓倒性的勝利，似乎也尚未為不安的中東，乃至焦慮的世界帶來和平。

中東是多難地區，原因很多。文化風俗的特殊性，使外人難以了解，而阻礙了彼此的溝通。

地理位置處於歐亞接壤之境，三千年來，列強環伺，異族侵淩，征服吞併無時或已。養成了其不信任外族的習慣。而古時候美索不達米亞土地的肥沃，及近世以來石油的發現，皆成懷璧其罪，眾人覬覦的原因。何況同是阿拉伯世界裡，本來也種族紛歧，宗派林立，互不相容。二次大戰以來更有以色列人在「臥榻旁鼾睡」，與巴解之間生出許多是非。

面對如此複雜的情況，美國予人的一般印象是未曾作安撫疏通的努力，卻強以武力及經濟制裁迫對方就範，使阿拉伯人，不論像海珊那樣公然反抗的，或表面上妥協合作的，恐怕都暗懷敵意。如今說要解放伊拉克，談何容易？況且美國雖然軍事上好像打勝仗了，但要組織臨時政府，所有伊拉克各派系都異口同聲要美軍「退出」。美國明知即使他退出，那些派系不知要吵多久才能整出臨時政府？臨時政府又不知能否有效維持秩序？維持秩序後也不知能否復建……這一連串疑問，即使美國志不在石油也怎能相信自己可以現在就撒手不管，使這場戰爭白白打了，一切又歸於混亂？但美國不撤軍，「侵略」的嫌疑永洗不清。

想來海珊政府曾以弱小而態度倨傲，可能也是有其用心的。當時為美國計，也許該以強大而故示謙退，使事情有所轉圜。時至戰後，美國或仍有戰略性地表示謙退的必要，以取得實質上解決問題的空間。美國既是超強，何妨退居幕後，表示只為推翻海珊，餘無所圖。則事情或尚可為。萬一無可為，美國也可置身事外，鬧得不像話時再以和事佬的姿態進場協調。五十年前，英美在二次大戰中雖勝利而難免「悲劇」，當時的情勢有強大的蘇聯事事反對。今日的情況雖遠為複雜，但對手並不強大，美國應有餘力「不戰而屈人之兵」，避免更大的悲劇。

美國雖然以伊拉克暗藏核子武器為由進兵伊拉克，但伊拉克及中東相關國家，可能將之宣傳成超強的侵略，及十字軍東征思想的延伸。當問題變質為基督徒與回教徒之爭時，這種戰爭是沒完沒了的。只要回顧一下史上幾次宗教戰爭，就知，這事很難收拾的。

伊拉克的滄桑

在西方強勢的媒體渲染下，此間可能有許多人只茫然覺得伊拉克在強人海珊的統治下，是一個窮兵黷武、製造恐怖的國家，不大去研究伊拉克從前是什麼樣的地方，現在是什麼樣傳承的社會？

伊拉克，地理位置在波斯灣的西北，國土四十三萬七千五百多平方公里。就地理特徵可分為西南沙漠，東北部高原，和底格里斯河及幼發拉底河盆地。這兩條河流的名字，相信很多人在中學外國史課本中都看到過的。只是沒將之與伊拉克聯想在一起罷了。這塊盆地，和黃河流域、印度恆河流域，及埃及尼羅河流域，同為世界四大古文明的發源地。

據歷史記載，西元前三千五百年這地區就有蘇馬人和阿卡得人定居在此，而且互相攻伐。蘇馬人和阿卡得人曾經創造了燦爛的文明，如發明楔形文字、制訂最早的法典，發展城市，製造陶器、帆船、耕犁等使巴比倫城邦成為美索不達米亞的中心。但也由於它財富累積，文明誘人，成為外族掠奪者們侵略的對象。在巴比倫王朝衰落之後，西臺人，亞述人相繼入侵。西元前五百三十九年波斯皇帝居魯士占領巴比倫，納為波斯帝國的一行省。西元前三百三十一年馬其頓的亞歷山大大帝占領巴比倫，一方面把希臘文化帶進巴比倫，另一方面巴比倫的天文學及科學也豐富了希臘的文化。尼布甲撒時期的巴比倫曾占地一萬公頃為當時世界最大的城市。城河圍繞，神廟高達九十一米，傳說中世界七大奇觀之一的「空中花園」便建在這外城附近。

西元七世紀時阿拉伯人入侵，改變了此城居民的語言，十六世紀時被奧斯曼占領，這中間伊拉克人曾為脫離奧斯曼土耳其人統治屢次起義奮戰。第一次世界大戰時被英軍占領，但於一九三二年獲得獨立。

在被阿拉伯統治期間，其首府巴格達曾成為阿拉伯帝國的首都達數百年之久（七五〇—一二五八），當時的巴格達商賈雲集，人才薈萃，對阿拉伯伊斯蘭文化的形成和發展，起了重要作用。若非土耳其的入侵擾亂了這個繁榮，巴格達可能成為阿拉伯世界的中心，而更加富庶。

今日的伊拉克人及伊拉克的統治者，常常想起他們過去的帝國的光采，在不斷的內憂外患中，他們顯得相當堅忍而固執，因為他們是在不斷的戰亂中活下來的。如果，他們的政府，能透過外交政策，和阿拉伯國家及東西方國家建立較良好的關係，以其藏油之豐，巴格達是仍有機會成為西亞文化及經濟的大城的。史上的巴格達是一座名城，它是阿拉伯文學中享譽最盛、流傳最廣的故事集《天方夜譚》之城。《天方夜譚》中有許多故事，以巴格達為背景。細心的讀者當能在這些故事中讀取並想像一千多年前的巴格達的風貌與浪漫。

《天方夜譚》是傑出的阿拉伯文學，也是唯一舉世婦孺皆知的阿拉伯文學。《天方夜譚》雖是一本書，但此書版本甚多，原因是阿拉伯數百年來累積了許多這類民間故事，許多人各憑所好編輯了《天方夜譚》。內容大同之中有小異，篇數也多寡不一。看過《天方夜譚》的人都會有一個感覺，阿拉伯人（泛稱中東人）是快樂的民族。

十字軍東征的意義

「十字軍」東征，是歷史上西方與東方的重要接觸及撞擊。從一〇九五年到一二九一年近兩世紀之間，前後發生八次的歐洲人東征行動。第一次以宗教熱忱及教皇烏爾班二世的號召開動，以奪回耶路撒冷及與耶穌有關的一些地區為目標，但一次又一次的行動之間，宗教意義愈來愈淡，而政治、領土、戰利品及冒險的意義逐漸浮現，到了第八次，路易九世死在北非，以悲劇終結。十字軍從此煙消雲散，而歐洲許多封建領主也走上衰亡之路。

就文化的意義言之，十字軍東征是包括宗教、文化、生活方式的意識形態之戰。基督徒與回教徒在認識上互以對方為異端，不但不溝通，而且互相不信任、不接納、不妥協，所以兵馬到處，大量殺戮而毫無罪惡感。二百年間的征戰一方面以戰爭解決歐洲各國內部的困境，卻也在西亞造成了大量的流血。而其結果，歷史學家也公認是對歐洲有利的。

西元一千年的時候，歐洲的學術及科學的發展低於西亞。東征對西亞人而言是「野蠻人」

打了進來。結果歐洲人搶奪了許多戰利品、科學技術及學術觀念。譬如風車及手推車就是十二世紀時歐洲人從阿拉伯帶回去的。當時歐洲人學做手推車學得很高興，做夢也未想到中國人一千年前就已有手推車（參看美國版 *New Caxton Encyclopedia*）。此外，絲染技術、絲織技術、貿易制度、香料製法，都是十二世紀歐洲人的驚喜。

一千年前歐洲人與西亞人間的不溝通、不信任，到了今日仍存在於美國人與伊拉克人之間。美國說：伊拉克擁有大量毀滅性武器。武器，想來美國也有的。但布希想：我們是民主國家，武器只用來保衛國家及正義。但你海珊是獨裁者，意識形態偏激而固執，武器在你手中豈不像瘋子持刀？於是覺得無法容忍，就打了。比一千年前的十字軍稍為文明的是布希還想到戰後重建伊拉克。

在我們看來，西方與中東的問題，是文化問題，意識及認識的問題。這兩個區域的文化太缺乏互相溝通了。而雙方都允許在無溝通的情形下，突入戰爭。誠如歷史學家說：戰爭，是最後的溝通。但這次戰爭恐怕不像一千年前的十字軍那樣，還有一點文化及經濟的收穫。

不對立才有以巴和平

去年夏天，以色列占領約旦河西岸之後，美國、俄羅斯、歐盟，及聯合國提出了一個分三階段實行的謀和計畫。最近，聯合國特使拉森於四月三十日將一份由前述四方面商量好的建立以巴和平的藍圖交給了巴勒斯坦自治政府的新任總理阿巴斯。

根據這個藍圖。第一階段阿巴斯必須設法終結巴人的恐怖活動，完成自由選舉。而以色列須終止對巴勒斯坦民兵據點的破壞及攻擊。第二階段預定召開國際會議，推動巴勒斯坦建國。第三階段希望於二〇〇五年以前全面結束以巴間的衝突，簽署和平協定。

這一連串抑制國內恐怖分子及強硬派的活動，繼續與多國及以色列協調的重任，無疑地將落在新任總理阿巴斯身上。阿巴斯事實上也是以其柔軟的身段及彈性做法，而被推上總理的位置的。但也有人覺得阿巴斯將面對的狀況至為棘手，其能否竟其功，甚至全身而退都令人捏一把汗。

阿拉伯世界之難以建立和平，有很多原因。其中一個重要原因是各國國內都有強硬派及基本教義派。他們執著於一種基本的意識形態，毫無彈性，對外一味主張強硬手段，每次有領導者出來作國際間的協調，強硬派就認為領導者過分柔弱，犧牲了自國的利益，甚至疑其背叛了本國優先的原則。包括以色列的前總理拉賓等人都是在這種狀況下遭到反對，最後也被刺殺的。

事實上基本教義派，只關起門來唱強硬的高調，卻昧於國際形勢，不知其強硬的主張，在現實世界根本沒有實現的可能。所以每次這些人出頭來做事或干擾做事，中東就復歸互相攻伐、民不聊生的局面。如伊拉克的海珊，他強將伊拉克推向與其國力並不相稱的強硬路線上，最後自食惡果，也讓人民吃苦。

阿巴斯是一位風度及見識都溫文儒雅的人。他這幾天正全力處理以色列軍隊為報復自殺炸彈客攻擊臺拉維夫酒吧而攻打席斯亞的不幸意外。如果他過得了這一關，也許有機會把以巴關係帶往和平共存。

在今日的世界，所謂強硬派及基本教義派，其實都只是作勢勇敢而無益於現實及人民的人。看來阿巴斯尚算是能做事、處心要成事的人。世界正需要這種識大體、不懷敵意，為了成全自己，也懂得成全「敵人」的人。因為你成全了敵人，敵人就會消失於無形。

意識形態無用論

二十世紀最響亮的意識形態，大概就是國際共產主義的「世界革命」的主張吧。他們把全世界分為兩個集團——共產主義者與非共產主義者，也把全人類分為兩個族群——無產階級與有產階級。於是一時之間，工人、農人、窮人、懶人皆相信共產黨會讓他們「出頭天」，讓他們成為「無產階級專政」的主人。亞洲及東歐有許多地區被赤化了。

當列寧等人，從馬克思及恩格斯的理論借來共產主義的意識形態時，它是否曾經是一種純潔的理想、理念，而令人有使命感？我們很難判斷。但我們所知的是，當共產黨在某些地區攫取了政權後，權力招來了利益，利益形成了利益共同體，而利益共同體裡的成員，為保護既得利益，不斷地用各種血腥的手段鞏固權力結構。它走上了一條歷史的老路——Power tends to corrupt and absolute power corrupts absolutely.（權力會腐化，而絕對的權力會絕對地腐化。）這句Lord Acton 於一八八七年說的話，在他死後一直說中所有政權。

當共產政權在二十世紀後半達到極盛時，農人和工人們發覺他們依然不是主人，而主人另有其人。他們信以為真的理想或意識形態，其實和意識形態無關而與利益有關。最令人沮喪的是，在「世界革命」初步成功之後，共產國家裡工人所獲得的好處，並不比那些沒經過革命的西方國家的工人多。

當地球上最大的共產集團蘇聯解體之後，人們忽然想起，所有政治人、政客，及革命者所喊的口號，都只是以意識形態裝扮其奪權奪利的野心。奪到了權力之後，意識形態就拋諸腦後，如此而已。

在近代史上，地球上有一個人，以救國救民的意識領導革命，做了總統之後，不改初衷，把權力交給別人。這人是國父孫中山先生。但孫先生這樣的人物，不是到處都有的。

今日在臺灣，許多人侈談意識形態。但我們懷疑有誰是真正認真懷抱意識形態的？

已故美國總統杜魯門曾說："I am not worried about the Communist Party taking over the Government of the U.S. but I am against a person, whose loyalty is not to the Government of the United States, holding a Government job."（我並不擔憂共產黨接管政府，但我反對對美國政府不忠者任政府職務。）

杜魯門的話充分顯示其對共產主義作為意識形態的輕蔑。

豈可今日而無之？

春秋《公羊傳》裡有這樣一個故事：宋是小國，楚是大國。有一次宋、楚交戰，楚軍以大軍把宋城包圍了。但圍城戰曠日持久，雙方都疲憊勞苦而糧食將盡。於是有一天楚王命司馬子反到附近土山上去窺探宋城內的情形。子反上山正在探望時遇見宋國的大夫華元也上山來窺探楚軍情形。於是兩人見面，從尷尬靦腆到互吐肺腑之言。華元想宋軍反正已沒希望，就把城內糧食已盡，人民易子而食的情形坦告子反。子反亦老實告訴華元，楚軍糧食只剩七日份，如果宋軍能支持七天，楚軍自會撤圍而去。

子反回到楚軍中，楚王急問宋城情形，子反說宋軍已快支持不下去，糧食都盡了。楚王大喜，就要下令搶攻宋城。但子反說：「不行，他們已知楚軍也只有七日糧，一定會拚命支持七日。」

楚王大怒，責子反：「華元是傻瓜，才會將城內實情告訴你，但你為何要把楚軍只剩七日糧的實情告訴他?」

此時子反從容答道:「宋,小國也。而有不欺人之臣。豈可楚而無之。」楚王聞言啞然。

這個故事表面上好像是交戰的兩國各派大夫上土山探看軍情,但兩位大夫在山上見面談話,談得投機了,就把軍國機密洩露了出去。他們可算是性情中人,卻未必忠於自己的國家。

事實卻有更深的一面。兩位大夫在土山上事實上始終仍然敵我分明地爭鬥。只是他們不爭詐而爭誠實,不爭小人而爭君子,最終爭的是「我國也有不欺人之臣」這個榮譽。而這個榮譽背後所代表的是「我國是泱泱大國」的示威。因此楚王聽了子反最後一句話才會默然無語,無法發脾氣。

我們今日看《左傳》、《公羊傳》、《國語》、《國策》……等書,之所以有趣味,就是因為這些書除了記錄史實之外,也常常讓我們接觸到各國之間將軍政的權謀術策推演到很高水準的浪漫。這些浪漫,有的出人意表,有的富有創意,有的還碰觸到人性的高貴面,而令人感到五霸七雄,雖然互相攻伐,但中間往往其爭也君子。中國人的祖先,曾有這樣的史實,曾有這樣的胸襟,曾有這樣的懷抱,「中國人」可說是一個很光榮的名詞。今日此間有些人羞於自承是中國人，想來他們也應該自覺羞恥的。

譬如今日政黨互相攻訐，到哪裡去找兩個子反和華元？所以「政黨大和解」只能說說罷了。

當然，如果在媒體上耍嘴皮子的政客們能看看《左傳》、《國策》，也許事情會不一樣。

說話太多

我們的社會感覺上很嘈雜，可能是因為愛說話的人多過不愛說話的人。愛說話的人通常認為多說話才能造勢，把各種事情說成對自己有利的局面。這實是人類最容易犯的錯誤的判斷。

稍有智慧的人都知道喋喋不休的人一般是不受歡迎的。不但嘵舌的人令人厭惡，其實嘵舌的電影、話劇也都不討人喜歡。臺灣的國產影片不論在電影院裡或電視上，近年來都賣座慘澹，為日本、韓國作品侵占了市場。但是連拍片人都常不自覺，原因之一是劇中人說話太多。所有的情節都靠對白哇了哇了講出來，這齣戲，還有什麼「戲」可看呢？

所謂「說話太多」，其實與真正說話的多少沒有關係。其所以令人覺得「太多」，實因說的話無聊、無意義、無趣、無道理，甚至無氣質。這種話開口即是多餘，不待論其多少。

在說話太多的人中間，政客、大官，及各類專家的話特別令人厭煩。因為這種人說話，報紙、電視就會爭相轉述。於是人民天天在媒體上看到他們在那裡說些沒什麼用處、不負責任、不合常識、不大禮貌、缺乏教養、缺乏氣質的話，啼笑皆非之外，難免心中發毛，覺得這些引領社會風氣、政經政策的人，說話如此之沒有氣質，他們能做出什麼有氣質或有道理的事情來嗎？

如果更進一步來質疑這些人常常言語草率的狀況，也可以懷疑，他言語草率，莫非做事也不經過思考的。在文明的世界裡，自古有指導說話的學問，曰「雄辯學」、曰「修辭學」，我們的社會有這麼多人愛說話，卻少聽過有什麼雄辯滔滔或修辭文雅，令人折服的語言，也很令人失望。

英國兩任首相迪斯拉里（Benjamin Disraeli, 1804–1881）曾勸告新任議員在國會裡少發言。他說："It is much better that the House should wonder why you do not speak than why you do."（寧願讓議會去猜想你為何不說話，也別讓他們猜想你為何說話。）這句話對於說話常不得體卻愛說話的政客應當是很有用的。

有人問已故美國總統威爾遜（Woodrow Wilson）演講前要準備多久？威爾遜回答：「十五分鐘的演講要準備三天。半小時的演講要準備兩天。如果是一小時的演講，不需準備。」但願隨時信口開河、言不及義的愛說話者，深注意之。

貧嘴有害無益

貧嘴之為用，說得好則博得一笑，說得差則極為無聊。往往獲得聽者之白眼，而無地自容。所以向來真有見識的人不耍貧嘴，真有辦法的人不耍嘴皮，真想做事的人不說無用之話。俗語說：「沉默是金」，這句話屢試不爽。世上當然也有一言興邦、語語珠璣的人。但這種人極少極罕。相對地，一言喪邦、句句無聊的人則很多。「沉默是金」想來是為這種人而設的。

中國有一部名著《濟公傳》。《濟公傳》裡的濟顛和尚瘋瘋癲癲，到處耍貧嘴，也不管是師父面前、官吏跟前，或與良家婦女相對，動輒說出不堪入耳、令人面紅的話來。小說把這個和尚設計得本領廣大，能替人解厄、醫病、除災、濟貧……因為有這些本領，而且一路行來都在救助別人。其貧嘴就成為掩飾他真正身分及能耐的煙幕。讀者也就原諒他了。

《濟公傳》的作者存心揭發祖師的道貌、官吏的僚氣及婦女的偽善，而選用突梯滑稽的貧嘴來做這些破壞，也達到了相當程度的幽默的效果。但這種效果在尋常社會裡，是不易達到的。

《史記・滑稽列傳》中有幾則貧嘴而發生功效的例子。但這背後不知有幾千個無聊的貧嘴因為只是無聊，所以沒被選錄在《史記》之中。

耍貧嘴，是人類表現欲的一端。自以為得意，自以為幽默，脫口而出。但即使是魏晉高士，《世說新語》中登載的那些話，也不見得句句都是好的。

說來愛說話的欲望是人類甚難控制的一種欲望。羅馬哲學家兼政治家塞內加曾說：人回顧自己一生所說的話，會發現那些話大部分不說會比說了好得多。他列舉他那時代以前說話而有價值的人，也不過蘇格拉底、柏拉圖等數人而已。可見大部分的人是閉上嘴巴，會比較無害的。

但尋常人很難承認自己沒有蘇格拉底、柏拉圖的智慧，也不大能了解自己以為是救國救民的大道理，說出去在別人聽來只是貧嘴而已。

也幸虧只是貧嘴而已，否則小則影響自己的形象，大則禍國殃民就更不得了了。小人物耍耍貧嘴遭人白眼也就罷了，動見觀瞻的人最好懂得慎言的道理，以免「多言數窮」。

敬告賣柑者

在公共場所，無意中聽到兩個婦人的談話。她們在抱怨買到劣貨，一件衣服，乍看還不錯，拿回去穿一次，下水就壞掉了。拿回去想討回公道，那店家說：這樣的價錢本來就只能買這種貨色。又在市場買了魚，回去一煮，防腐劑的味道冒出來，根本不能吃……等等。她們最生氣的，似乎是許多店家攤販公然賣劣貨、假貨，被人檢舉時都面無愧色，而且理歪氣壯、咄咄逼人。

想來風俗之澆薄，人心之多詐，由來有自，而風行草偃，大概也是主要原因之一吧。明代劉伯溫有〈賣柑者言〉，說一個賣柑的人的故事。這個賣柑者有妙法能把柑子保存得絕不爛掉，而且皮色「燁然，玉質而金色」，賣出的價錢比別人的貴。劉伯溫買了一個回去，剝開只見果肉「乾若敗絮」，根本不能吃。於是找到賣柑者理論，責他詐欺。但賣柑者說：「世之為欺者不寡矣，而獨我也乎？吾子未之思也。今夫佩虎符，坐皋比者，洸洸乎干城之具也。果能授孫、吳之略耶？峨大冠，拖長紳者，昂昂乎廟堂之器也……盜起而不知禦，民困而不知救，吏姦而不知禁，法斁而不知理，坐糜廩粟而不知恥……！又何往而不金玉其外，敗絮其中也哉！今子是之不察，而以察吾柑。」

意思說：世上欺詐的人也太多了。沒有戰略能力的人在帶兵，戴高冠做大官的人，盜賊橫行也無法防止，人民疾苦也無能拯救，官吏奸惡卻不會去制裁，法令敗壞也不知道整飭，這些人不都是外表好看、敗絮其中嗎？為什麼單挑剔我的柑子呢？

賣柑者的話，有兩層意思：第一層是諷刺大人物，位居高官而尸位素餐，望之儼然卻沒做出什麼靈光的事來。第二層意思認為大人物尚且可以上矇下欺，我不過升斗小民，發點不義之財，算得了什麼？這第二層意思是很危險的思想。準此延伸下去，所有犯罪皆可以因為在上者也是如此而得以正當化。這社會上就沒有誠實的美德了。

然而，為賣柑者計，實不宜如此想。第一如此想，所得有限而難以見人，勢將為周圍所唾棄。第二，賣柑者不能和大人物比。大人物位居要地，「資源」豐富，很難扳倒他。但賣柑的只要被人檢舉，就會吃上官司，說不一定身敗名裂。所得甚小而所冒危險甚大，宜自量力，慎之戒之。至於買劣貨的人，自己小心吧。

吃糧就要做事

據香港《星島日報》報導，新任大陸國務院總理溫家寶先生，日前出席湖北省人大代表團分組討論時，談及減輕農民負擔的問題，他說大陸「吃皇糧」的人數成長失控，每年新增財政收入的八成被「人頭費」吃掉了，只有一成多歸入國庫。他表示下屆政府將削減吃皇糧的人，以走出「黃宗羲定律」。

何謂「黃宗羲定律」？黃宗羲，明末清初人，生於浙江餘姚，著述涵蓋經學、史學、政治學、天文曆法、地理及數學。其較為人知的有《明儒學案》、《明夷待訪錄》等。黃宗羲生於十七世紀，而其民主思想早西方《民約論》一百年。在《明夷待訪錄》中嚴厲批評中國之皇帝「敲剝天下之骨髓，離散天下之子女，以奉我一人之淫樂……曰此我產業之花息也。然則為天下之大害者，君而已矣！」其對皇帝及朝廷權力者剝削人民之勞力以供自己之侈淫，提出正義之抗議，震撼當世。據說大陸清華大學某教授，曾就《明夷待訪錄》中言及之賦稅三害作成論文，稱為「黃宗羲定律」。

據統計，中國歷史上，老百姓與受老百姓供養之「吃皇糧」的官員人數之比例，在唐代為五百比一，中共建政之初是六百比一。而到了一九七八年則二十八個老百姓就得供養一個「吃皇糧」的官員。老百姓負擔可謂沉重。

我們很高興看到，中國人中，還有如此能自我反省的官員，自己居要職，受老百姓的供養，還能為供養的老百姓抱不平，希望裁減官員，減輕老百姓的負擔。這樣的官員才是吃皇糧——今日應改稱為吃人民的糧——而無愧的官員。

中華民國的人民到底是多少人就要供養一個官員？似無統計，無從知道。無統計也好。萬一統計出來數字不好看就難為情了。但其重點也不全在數字上。若是受供養的官員都是知人民的痛癢，為人民設想，讓人民能豐衣足食，營造經濟和社會榮景的官員，則多些官員吃人民的糧亦何妨。但如果都是不做事的冗員，貪瀆枉法的官員，或終日只打口水戰，禍害社會風氣的政客，則繳稅的人民情何以堪。吃人民糧的官員，包括尚在職的，與已經退休卻仍然吃糧的，當深切認識，所吃既是人民的糧，當努力為人民謀福利，至少不可亂開黃腔，傷害社會及人民的福祉。

狗論

有人喜歡狗，有人不喜歡狗。有人養狗為寵物，有人不養狗。

喜歡狗的人說：狗忠於主人，絕不會背叛主人。絕不會背叛主人到底是不是一件好事？想來忠於主人，本來就是封建思想。主人亦人也，人有對的時候，也有不對的時候，如今主人對不對都效忠於他，此所以「跖犬吠堯」，令人痛心也。

故人忠於人，難免助紂為虐，是為奴才。狗忠於人，則為主狂吠，是為狗才。人忠於物，則玩物喪志。人只有忠於理念，還可能有擇善固執的價值。然而問題也可能出在這「擇善」的判斷上。萬一所擇並不盡善，卻固執下去，其為害就很大了。

想來人若不忠於任何人、物、事、理，許多錯誤皆可避免。因為忠是一種缺乏理性反省的情緒狀態。勇往直前，義無反顧。這是很危險的。

話說回來，忠，在中國文字裡本來有些很深入的涵義的。《說文》：「忠，敬也。盡心曰忠。」《皇疏》：「忠，中心也。」與《論語》之「為人謀而不忠乎」很相近。《左氏》：「公家之利，知無不為，忠也。」朱熹、王陽明等人皆以忠於自己的良知為忠。而專制帝王扭曲字義，發明了「忠於君」的理論，從此「忠」字淪入以帝王或主人為對象之忠。這是「忠」這個德行中最無價值、最不足取的。於是世上有權力的人，養人令其忠於自己。無權力的人養狗以陶醉在有狗忠於自己的喜悅。但受人豢養豈狗之本性哉。人類從荒野中將狗捉來使之成為俯首聽命的寵物，也太不忠於大自然的本意了。

莊子〈至樂〉篇有一寓言：海鳥至於魯郊，魯侯把鳥帶回宮內，奏九韶樂給鳥聽，以太牢給牠吃，但海鳥不樂，三天就死去了。海鳥當然喜歡在森林中吃小蟲，牠怎會喜歡住在人的宮殿裡？狗也本來住在原野裡，依照狗的習性，結群而居，不必忠於任何人，不必吃罐頭食品。造化造物各依其性，讓其過牠們的生活。世上沒有哪一種動物應該忠於哪一種動物，也沒有什麼人應該忠於什麼人。

人可以對人好、喜歡人、關心人、照顧人、愛慕人、教導人、養育人，但沒有什麼人應該忠於別人。當我們說「忠」的時候，那對象只能是一種可以檢驗好壞、判斷是非的事理，而決不能是一個有七情六慾，常會犯錯的人。

所以狗忠於主人，於狗，是一種委屈，於人是一種虐待。對人，是一種錯誤的示範。人，千萬不可以忠於人，也不可要求別人忠於自己。

考核何為？

在報紙上看到有人主張對公務員實行「忠誠度」的考核，不覺好笑。這是什麼時代了，會有如此荒謬莫名的言論出現？

何謂「忠誠」？《集注》云：「盡己之謂忠。」《大學》云：「所謂誠其意者，毋自欺也。」「忠誠」之意盡於此，一部《論語》反來覆去，討論的都是這些字的意義、心態、實行及影響。

從前的帝王及有權者，將忠誠二字硬拉到自己身上，要求臣屬忠於自己個人、皇權及朝廷，成就了數千年的專制文化，也造成了數千年對社會、人民的毒害。

專制之終為民主制度所取代，乃因人們見到忠誠之對象，集中在一個人或一群人是一種偏頗，必會造成對這一個人或一群人以外的眾人的傷害。是以民主政治，規定政治透過憲法、法律、制度行之。所有公務員必須忠於這個憲法、法律及制度，而不必、亦不可忠於任何個人或特定人群。而所謂特定人群，包括特定人群的利益、偏見、主義、黨綱，及意識形態。因為忠於特定的個人及人群，最後會產生「跖犬吠堯」的現象而使不特定眾人受到壓迫及傷害。

如今有人主張考核公務員的「忠誠度」。到底要公務員忠於什麼？公務員該忠誠的事，民主制度中已完全納入在憲法及法律之中，何待重新考核。而所謂「臺灣優先」等語意曖昧的口號，既不在法律之中，憑什麼考核？

我們認為，在政治口號、攻防的混亂中，最理想的公務員是尊重憲法與法律，諳熟經辦之事務，而願意勤快做事的技術官僚。他們以熟練的技術，代表政府，為人民服務。辦公、洽公時態度中立，遠離任何黨派觀念及意識形態，自然也不發生任何忠誠問題，也無考核之必要。因為技術官僚的工作是長遠的。而任何黨派、任何總統執政都是暫時的，技術官僚的功能地位，對人民而言，實比黨派及總統還要重要。

以日本為例，內閣大臣及總理，短者幾個月就換人。總理大臣，也有因收賄而吃官司的。但儘管換來換去，風風雨雨而社會仍然安定，企業不受影響，人民仍然安居，就因為中級以下的公務員都是技術官僚，只做該做的事而不問其他。也無人敢以法律外的政治口號去「考核」他們。

決鬥狂想曲

中東有一位副總統，不久前提出了一個很幽默的建議。他認為美國總統布希和伊拉克總統海珊如此互不相容，何不單獨決鬥一戰定輸贏，了結恩仇，也免波及無辜，連累很多人受苦，拖累世界的安定。

這話，當然是言者當笑話講，聽者也當笑話聽而已。布希與海珊的對立，非關私怨，豈能以匹夫之鬥解決問題？

然而，決鬥其實並不是毫無可取的觀念。現代人或以為這是有法律的社會，任何人有何恩怨，當訴之法律，在法庭上論是非。豈容以私鬥這等野蠻的做法解決紛爭。誠然，當紛爭所爭的是理、或法，理當以法律解決。但住在今日所謂民主社會的同胞，可能看到無理無義、無法無天的事情太多了。譬如此間有一大票政客，終日、每日都在吵架、對罵、互控，在媒體上鬧得令人啼笑皆非，厭惡至極。

當他們罵得口沫橫飛，似乎理直氣壯的時候，我們難免想，你既然如此忠於自己的理念，認定自己的理由才是對的，而且嫉惡如仇，非要把對方說得一文不值，萬惡皆備。設若，讓你為了自己所相信的理念，執劍而起，與對方決鬥，以證明你為擁護理想，萬死不辭，而不只是在那裡空言謾罵，作秀上電視欺騙或討好觀眾而已，不知你敢或不敢？

依我們想來，大概是不敢的。其不敢，讓我們想起中世紀歐洲騎士及貴族間的決鬥，及日本武士的「真劍試合」，雖然非法而野蠻，卻是有點道理的。它至少表示決鬥的人敢於負責，勇於以生死來保證自己的人格。比現代的政客高貴多了。

有如古時候的婦女，當她的貞操受到質疑時，常常以死明志。《紅樓夢》中的尤三姐只因未婚夫疑其不貞，自刎而死。那時候的女子主張自己的貞潔，和士人主張自己的理念或信仰，屬於同一層次的事情。為了主張而必須拋棄性命，依現代人看來好像很不人道。但唯其必要時須以性命來表白，所以主張必須很慎重。現代的政客，可以不決鬥，但甚盼都能以決鬥的決心和志氣主張任何政策。而不要到處表演反正死不了人的鬧劇。

懷「舊」

新衣服是人的財產的一部分。舊衣服是人的人生的一部分。因為舊衣服涉入生活，陪你許久了，對你而言，它已不只是衣服而已。

依此類推，老朋友比新朋友可貴，老情人比新情人可珍惜，舊書比新書有價值，故鄉比新環境可思念，老敵人比新敵人——可惡，因之較有意義。

你若看到一個人有二、三十年的老朋友，迄今交情莫逆，這個人大概是值得信任的。即使那人是土匪，能交另一個土匪為朋友而二、三十年不翻臉，也是值得讚美的。他符合莊子「……五者不備而能成大盜者未之有也」的條件。應是盜匪中的佼佼者。事實上不論何種人能交朋友二、三十年以上而始終如一，都有過人之處。如果有一個女人能穿一件衣服二、三十年而始終珍惜，簡直是女聖人了。

人們常說「念舊」，或「懷舊」，意者過去的事物中，有許多美好的因素，讓人懷念。但事實上舊的事物，令人懷念，其深層的意義不只是回憶的感傷而已。

譬如，秦俑成為考古、史學研究，及觀光、觀賞的事物。人們面對秦俑而發思古之幽情。但以俑陪葬，豈是適於發幽情的事態？

秦始皇以暴虐聞名，聚財寶、製兵俑以陪葬，役萬夫以營陵，後世譏貶相繼。當年孔子曾慨言：「始作俑者，其無後乎！」俑，怎麼會成為觀賞的對象？

並非人們忘了前代的暴虐，失了是非的判斷。實是因為懷舊情感中有回憶、思念、整理、思考、反省、再評估；說得誇張一點，有「通古今之變，究天人之際」的心智活動，其複雜性不是「是非」所能範圍，其心情實已超越是非善惡。而人透過懷舊會變得愈知人生之為何，歷史之為何而更成熟。

是以舊衣服，代表人穿這些衣服時的狀態、生活、得失、榮辱，及許多生活上的細節及細微的感情。老朋友則代表，一路走來的人事、悲喜、邂逅、聚合、離別、歡會、情誼……。杜甫因秋風起而有「涼風起天末，君子意如何」之思。王安石懷念故友，為他不平：「妙質不為平世得，微言唯有故人知。」……。這種思念，因朋友而起，卻成為自己的情懷。若沒有這些老朋友，人將無此深沉的情懷。可以說人生的內涵，因舊友而充實。人生的記憶，常附著在舊衣服上面。是以「記得綠羅裙，處處憐芳草」。事實上人生本身也是「舊」的。每一刻新的人生，在瞬間之後就變成舊的。舊的事物及人生是人唯一的擁有。

懷念科舉

中國的科舉，根據《周禮・大司徒》之說周代就已經有了。但一般認為到了隋代其制度才完備。唐代以生徒、鄉貢、制舉三種，依序上進，科目分秀才、明經、進士、俊士、明法、明算六科。這種規模的科舉，歷宋元明清，一直承襲了千餘年，成為掄才大典，也提供士子以出路。

後世提到從前的科舉，常常貶損多而認同少，如小說《儒林外史》把科舉及指望經科舉做官的人描寫得十分惡劣，且跡近瘋狂。教育學者也每每批評憑幾篇詩文或一篇八股文就做官為吏的不合理，話雖說得不錯，但一種制度能經幾個王朝，千餘年之間一直大體上承襲下去，原因何在？難道這一千多年間的帝王卿相都是笨蛋，不知兩榜出身之未必為人才嗎？

這就有點類似今日的大專聯考，人人都說一試定終生不合理，但什麼制度才合理呢？

想來千餘年來的帝王卿相豈真不知一試定終生之不合理？只是中國有三千年的人情風俗，

推薦拔才，處處重賄賂、講人情，上下其手的事情太多，不定一個嚴苛而無例外的制度，何以服眾？又何以講求最低限度的公平——形式的公平？

所以訂出一個科舉制，雖未盡合理卻有相當程度的公平。天下士子事先知道要如何才能參加這場競爭，十年寒窗，讀四書、唸五經、鍊詩文、寫制藝、背八股，念茲在茲，去參加考試，得意則青雲直上，落榜則自怨不遇。有人皓首窮經，鍥而不舍，到了頭髮斑白，還不放棄，要亦人各有志，存一絲希望，而這希望來自那形式的公平。

今日的教育官僚，自以為讀過教育學、教育心理學，總認為升高中、升大學應該有更實際而有效率的方法來甄選。於是在聯考之外，想出了一大堆「辦法」來。又可以推薦，又可以參考在校成績，又要德育、體育等幾個「育」齊全，其用心也，亦良苦矣。

只是關起門來大談教育的崇高宗旨，卻忽略了，實際參與的人未必崇高。你多設一個辦法，它就會生出十個判斷、補習、參與、競爭與提拔之間的弊病。年紀輕輕的學子哪能應付這局面，眼看比自己學業差的人甄選進去了，其心情的不平，可能是很反教育宗旨的。

希望德高望重的教育官僚們能有足夠的敏感，認識今日的社會，包括教育界及學校，是道高一尺、魔高一丈的地方。制度不妨笨一點，但要做到絕對公平，不必多設機巧，因為教育的第一義便是追求公平與公正。

醫護人員

疫病發生時採取隔離措施，自有歷史記載以來，好像就是唯一的辦法。根據薄伽丘的故事集《十日談》(*The Decameron*, 1353) 的序文說：「一三四八年致命的疫病在義大利最美麗的城市佛羅倫斯爆發……沒有任何知識或人類能運用的方法能阻止它，官吏清除城市，染病者被禁止入城……」

在疫病流行中有七個女子和三個男人偶然在教堂裡相識，決定離開疫區，到城外別墅去住十天。在這十天內每人每天說一個故事，共說了一百個故事，就是《十日談》。這個逃離疫區到城外去說故事的楔子，只是寫故事集的作者在中世紀常用的一種架構。但這個架構所用的疫病流行，是十四世紀在義大利真正發生的事情。據史冊紀錄，十四世紀所發生的這次鼠疫被稱為黑死病，病死者兩千五百萬人。約等於當時歐洲人口的四分之一。另一六六四至一六六五年間在倫敦發生的鼠疫，疫區四十六萬人口中，死亡了七萬人。一八九四年在廣州及香港爆發的疫病，死亡八萬人。但二十年內蔓延至全世界，死亡人數達一千多萬人。

當年的疫病，是沒有適當的醫藥可以對抗的。相對之下，今日的SARS雖然說尚未研發出特效藥及疫苗，但由於現代的基本醫療技術及藥物已不可同日而語，在醫護人員及通報系統的努力下，仍然有很高百分比的染病人被醫好了。這不能不歸功於現代醫學及第一線的醫護人員。

在這場疫戰中，我們覺得，最重要的人當然是醫護人員，因此社會及衛生官署應該首先想到如何保護醫護人員，讓他們一直保持健康繼續為病患服務。

誠然醫護人員也是人，面對驟然而來的疫病，他們也難免害怕自己染病。所以也有少數醫護人員逃離了工作場所或隔離場所。但社會在討論要懲罰這些離棄職守的醫護人員之前，曾否想到，大家讓他們去照顧病患時，他們是否獲得了足夠先衛護自己的裝備、設備及環境？如果沒有，那麼他們覺得自己的命也很重要而離開職守，雖有虧職責，是否也有其原因？如果他們這樣就不分皂白、不察實情，全予以處罰。那麼疫病延續了這麼多日子，還在那裡打口水戰的官僚政客，是該罰呢？還是該嘉獎？天災爆發，醫護人員頓見不足。如何補充並有效調配並保護醫護人員，是官員的迫切責任。懲罰失職應不是最緊急的事情。

誰敢不說話？

人有沉默是金的時候，有沉默不是金的時候，更有沉默會招來災禍的時候。不可不察。

在現代的社會裡，人能沉默寡言而明哲保身的機率愈來愈低。在很多場合裡，不講話是過不了關的。

譬如上司做了一場冗長的訓話。訓話結束後大家紛紛表示因上司一席話茅塞頓開，而閣下獨枯坐無言，你的前途就有限了。

譬如有權的大人物作了一個很大的決定。許多小民卻紛紛擾擾，遊行抗議表示反對。此時身邊的人都站出來解釋決策之英明，所見之遠大，而閣下獨無一言，過幾天若被炒了魷魚，可不要覺得冤枉。因為閣下雖非多言得咎，可能是無言得咎。

你若陪太太上街購物，太太一眼看上了一頂很拉風的帽子，興匆匆要買的樣子，興匆匆地問你「帽子好不好看」，你要趕快說些美麗的形容詞來說帽子好看。萬一一時措辭不及，說不上話，那麼三、五天之內絕不要指望回家吃到好晚餐。

你若帶女友去看一場電影，不巧那電影艱澀難懂。出場後女友問你電影到底好在哪裡？你最好能滔滔不絕，從電影美學談到對白之幽默。你若一時啞口無言，無可奉告，下次約會恐怕就很難了。

你若在宴會裡敬陪末席，在座的人都談股票、談女人、談汽車，乃至談毫無營養的黃色笑話，你最好也能面帶笑容，偶爾打諢插科一兩句，以示你和他們一樣白痴。千萬不可終席不發一言，一副道德學問高人一等，不屑言不及義的樣子。否則你的惡名馬上會傳開，以後就沒人請你吃飯了。須知這種場合，寧可說錯一百句話，不可不說話。

你若與好朋友或情人月下獨處，或即使是普通朋友剛好單獨相處。對方若對你表示仰慕，或說出很願攀交的話，你不論心裡怎樣想，都要熱烈回應。絕不可面露遲疑，或笑他想法幼稚等等。這是人生最難善了的時刻，你若該說的話沒有說出去，這仇恨是會結一輩子的。

韓非子在他的著作中共寫了兩篇說話的困難的分析。一篇是〈難言〉，另一篇是〈說難〉，兩篇都分析說話及取信於人的困難，鞭辟入裡，精闢非常。但他畢竟不是現代人，只知說話之困難，而不知不說話更困難。說話困難，比較容易解決，你只要說話就行了。不說話的困難，可是會累死人的。現代人為何那麼緊張？因為到處得說話哪。

新官對舊官

據說，民主政治，通常由政黨運作。而政黨，是志同道合者的聯盟。只是有些地方，雖也有政黨，卻往往有些黨員，由於各種利害原因，難以「從一而終」。這中間換跑道者或理直氣壯，或支吾其詞，或作委屈狀，或表示身不由己，種種姿態，平添人間許多光景。令人想起古時候一些男男女女的故事：

有一個故事，說陳後主之妹樂昌公主，嫁了徐德言。那時陳國政治紊亂，隨時可能亡國。德言對公主道：「以卿之才容，國亡必入豪家。倘情緣未斷，猶期相見，但宜以物為信。」於是破一鏡，各執一半，約他年以正月望日，賣破鏡於都市。及隋代陳，公主歸楊越公家。德言如期到都，聞有蒼頭賣半鏡，索價甚高，德言以半鏡合之，題詩付蒼頭持回。公主見詩悲泣，越公詢得其實，召德言與飲，令公主作詩，遂厚遺將兩人送還江南。當時公主詩云：「今日何遷次，新官對舊官，哭啼俱不敢，方信作人難。」

這首詩，妙在「新官對舊官，哭啼俱不敢」。公主是真的身不由己，其左右為難處，是真情，值得同情。今日政客雖然動機迥異，其亦可能哭啼都不妥，可以理解。

白居易有詩〈移牡丹栽〉，其詩曰：「金錢買得牡丹栽，何處辭叢別主來。紅芳堪惜還堪恨，百處移將百處開。」

白居易原是達人，唐宣宗李忱還曾作詩讚美他：「浮雲不繫名居易，造化無為字樂天。」怎麼作詩惜牡丹，語中似有恨意，既恨牡丹移植到哪裡都開花，弦外之音，似乎恨女人改嫁到哪裡都快樂，也頗不贊成士大夫朝秦暮楚，今天侍奉一個君主，明天換一個君主侍候，照樣升官發財。想來江湖多詐，人各有志，白居易何必多情。

至於杜牧責「商女不知亡國恨，隔江猶唱後庭花」，對著做生意的女子如此要求，似太過分了。

回想當年孔子周遊列國，哪一個諸侯能接納他的理念，他就為哪一個諸侯做事，不拘泥於「父母之邦」，而無人敢說他「朝秦暮楚」。因為夫子關心的是「仁心王政」的理念，不問其他，有泰山北斗之志，光風霽月之思。這樣的人就算走過一百個國家，換了一百個政黨，也令人敬仰的。

自己人

「自己人」是純粹的中國話。只有中國話裡有這樣的語彙，也可能只有國人有這樣明確劃分人際關係界線的觀念。西方語言中的家族（family）被義大利黑手黨用成幫派裡的「弟兄」的意思，其意義近乎「自己人」，但也帶著「幫規」的脅迫性，不似「自己人」那麼溫馨。

日本的「一族郎黨」，概括一個武館、門派、幫派或門閥中關係密貼，利害相同的一群人。小說《宮本武藏》中武藏踢了一個武館，武館的幼主率「一族郎黨」找武藏決鬥，以二三十個圍攻武藏一身，不以為不公平。乃因在那個社會，「一族郎黨」約定俗成是一個單位。然「一族郎黨」是義氣與現實的結合，黨內身分並不平等，感情也未必融洽。說來說去「自己人」是獨一無二的辭彙，很難翻譯成外國話的。

「自己人」這個辭彙，用來對自己人說，是很溫馨，很窩心的。但在「外人」或「別人」耳朵裡聽來，是很刺耳的。所以「自己人」這個語彙，通常要在外人聽不到的場所講。如果是對外人講，那通常是要把外人說成自己人，以拉攏關係。譬如說：「咱們都是自己人。」

說「咱們都是自己人」時，通常有兩個作用。第一個作用是，對於是否是「自己人」，對方尚無共識，所以要鄭重強調，使對方覺得，他確是自己人。第二個作用是對方原是自己人，但因某些原因，心中已有嫌隙，所以特別提醒他，自己人中間是不可以有嫌猜的。「自己人」這個辭彙，通常在這種場合上才用得著。換句話說，如果是真正的自己人，彼此心照不宣，那是用不著特別說出來的。

親人或夫婦之間，常會說：「自己人，難免吃虧些。」以紓解對方的不滿。以關係之密貼來要求「自己人」多付出，多奉獻，多吃虧，也是中國人特有的邏輯，或者可以說是特有的「暴虐」。洋人的邏輯似乎異於是。他們認為愈親密的人愈重要，愈重要的人愈不能讓他吃虧，所以常常拒絕上司的邀請，回家與妻兒慶祝生日。

話說回來，中國話「自己人」有很政治的一面，當有人強調「咱是自己人」時，這話的意義通常是高度政治性的。在政治及商場、或應酬場合，中國人心中永遠有自己人及外人的區別，這區別使中國人人口甚多而各懷心思，難以互相信任。

西部片的啟示

雖然有些影評人說美國西部片千篇一律，情節老套，沒有什麼藝術價值。但這些片子在淺顯之中，常常也頗有啟發性，常人看之，也能會心一笑。記得從前的西部片中，常有強盜結夥搶劫銀行的場面。他們三、五個人闖入銀行劫走現金，還打死銀行職員，然後騎馬逃逸。

這時候鎮長或警長就會發出通告，募集市民能騎馬射鎗者見義勇為，前來組織「民團」(posse)，去追蹤恐怖分子，繩之以法，以免鎮民生活在恐怖中。

有本事的市民紛紛來投效，其中可能還有神鎗手。大家商量好了，就要出發。此時突聞一旁有一個小孩大聲說：「我也要去打強盜！」大家啞然失笑，而警長為了不讓小孩太難過，還特地下馬，走近小孩，摸摸他的頭，說：「小朋友，你好勇敢，但這事你還不能去，現在你回家找媽媽吧！」於是一團人騎馬走了，留下了不服氣的小孩。這小孩很可愛，他令人莞爾。但他可愛是因為他還是小孩。他若是大人，如此不知自己的分量，就不可愛了。

另有一個場面也很令人印象深刻。西部片把當年的西部酒吧呈現得很不安全，那地方是亡命之徒往來喝酒鬧事的地方。尋常人若無一點本事，單獨一人是不敢進去的。但就有一個看似溫厚老實的人，悄悄走進酒吧。酒保問他喝什麼，他輕答：「牛奶。」酒保分明聽到了，但他自以為聽錯了。這地方所有人進來都點威士忌，至少也喝啤酒，從沒人要「牛奶」。酒保問：「你說什麼？」那人仍然說：「牛奶。」酒保不屑地給他一杯咖啡用的奶，那人端了坐在角落裡慢慢地喝。一群亡命之徒以為這人是可以戲弄的，就過來找他：「你媽媽沒讓你喝夠奶嗎？」那人不理，亡命之徒百般糾纏，而且伸手要去抓那人。剎那間，那人反手一揮，亡命之徒直挺挺地被摔出窗外，其他的亡命之徒一齊站起想掏鎗，只見那人已快速拔鎗，指著眾人……亡命之徒見他武功了得，反過來求他合夥，一起去搶銀行。他拒絕了。亡命之徒離去之後，那人赫然發現，警長就坐在另一角落。警長邀他留下，做副警長，他也婉謝了，悄然離開。

這情節的啟示，一如中國的武俠小說：有本事的人不輕易說話炫技，也不輕易靠邊。那是一種穩重。

水

天文學家觀測宇宙眾多星球上有沒有生物，使用幾個基本原理。其中之一就是那星球上有水才可能有生物。若無水則大概不會有生物。

可見水，是生命之源，與空氣、陽光同樣重要。以今日之科技，尚無可替代之物質。然而人自有自來水以來，誤認水是自已會來的，平日並不珍惜。還有些人，以價錢之高低衡量事物的價值。水因價低，常被浪費。財大氣粗者且認為既付得起水費，自然可以愛怎麼用水就怎麼用水。這是很無知而暴發戶式的想法。

即使是從前的鄉村裡大家到河邊洗衣淘米或掘井取水的時候，水也不是終年在那裡，不虞匱乏的。而今日的自來水，取得水源的過程固然使用了很大的社會資源，已取得的水源也是很珍貴的公共資源。廉價賣給使用戶，這中間有許多社會成本的挹注，不可認為一個月付了幾百元水費，就可以任意浪費。然後到了限水的時候就理直氣壯地罵相關官員及水庫、水廠管理單位未曾未雨綢繆。

竊以為水費所以低廉，乃因認為水是民生必需品，必須顧及庶民的購買能力。然所謂「必需」，有個限度。一日使用十公升水，或許是必需的。用得很多，或未盡是「必需」。所以水費不但應以幾何級數加價，而且超越了某種程度可以課徵懲罰性稅款，以促重視節水。

如果臺灣地區，今後預見將會年年缺水，那麼水資源短缺已成常態，必須從水價到用水的制度、態度都要根本改變。譬如市面上以沖水洗車的行業可以行政法規，令其改為以濕抹布擦車。道路上的花草，可改植耐旱的矮樹，而不必澆水。以水車灑多塵的車道是很落伍的做法，可以廢除。此外，農業用水、工業用水，都用了大量的水，事關生產，不能索費太高，但是用水量可否研究緊縮？這是專業的事情，但外國曾有先例，何妨研究研究！

從老子「天下莫柔弱於水」的哲學，到「逝者如斯」、「卻最堪悲是流水」的詩情，到「大旱之望甘霖」的痛苦。水與人，透入心靈，滲入肺腑，主宰生活，可謂親矣、極矣。而活到今日的人，對水猶那麼無知，那麼不知珍惜，那麼茫然沒有規劃。缺水，也許只是一個警告，人因無知而可能招來的災禍，正接踵而來吧。

人多是罪惡

人口密度高，是罪惡。常常也是罪惡之源。

用一個極端的例子來說明：如果有一條船，只能載十個人，卻有二十個人落水待救。那麼這中間幾乎必然產生互相廝殺，殺掉了十個人，剩下的十個人才能「和平共處」。這個時候，罪惡之發生皆因人口太多。責備這些人缺乏禮讓之德，恐怕是不切實際的。

在地廣人稀的國度裡，如加拿大、澳洲，乃至巴西的鄉間，你若開一部車，開了兩個小時都沒看到另一個人，後來看到了，你對他會自然產生「同胞人類」的感覺，和他打招呼，和他攀談。這是自然反應，與人的道德情操未必有關係。

但你若住在一個狹隘的城市裡，隔壁的小孩哭，就吵到你，到醫院門診必須排隊，別人搶先停了車，你就沒車位可停了。在走廊上行走常常被前面的人擋住去路。你對「同胞」就很難有什麼好感。因為每一個人，對你而言都是很礙事，而且影響你的生活品質及精神安寧的。

延伸下去，如果別人考上大學，你就進不了大學；別人選上議員，你就會落選；別人當了部長，你就沒官可做，這些事，影響到你終生的升官發財，這些「別人」在某些方面就比仇敵還要可恨了。

在生物的世界裡獸口過密，或草木太密，都是會發生自然淘汰的。草木太密，會發生自然排擠，而凋零枯萎。獸口太密，部分野獸就會餓死。譬如羚羊太多，草就吃光，羊就餓死。羊隻少了，草又長出來。另一方面，羊少而獅子多，獅子就會餓死，羊多了獅子有羊吃就又繁殖了。「食物鏈」加上天然氣候寒熱旱洪，生物的世界就默默地在存亡之間循環。

人類是唯一不甘於這個死亡循環，並以科技的方法跳出了這個循環的物類。但終難免於社會及精神的排擠，而罪惡連連。

因此，人的最大的課題在節制人口。這在今日，不待馬爾撒斯的「人口論」而早已成為常識。中共政權規定每一對夫婦只可生一個小孩，許多人罵它專制，蹂躪人權。殊不知，十二億人口的國家是講究不起人權的。到了人口爆炸時，恐怕連生存權都會不保。

臺灣的亂源，其實底部也在人口過密。但節育的口號只是喊喊而已。哪一個官員敢提出方案節制生育以得罪選民？如果大量移民到中國大陸，可以喘息一時。但那地方也已近飽和了。這是中國人共同的課題，很嚴苛的課題。

媒體自由的設計

不知充斥政府機關的留美官員及管理或「服務」媒體的官吏是否曾認真研究過「美國通訊委員會」(FCC)的功能。以我們政府一向的「親美」熱情，對於美國管理媒體的如此重要的系統應當是早就研究得很徹底、很清楚的了。但萬一由於國事煩雜、選舉太忙而未暇及此，則值此媒體與政府之間有點小小摩擦之際，回頭來溫習一下功課，也算亡羊補牢。

查FCC是基於一九三四年通過的通訊法之授權而成立。其主要責任為管理(regulating)州際及外國廣播、電視、有線電視及新出現的媒體。由七位委員負責解釋(interpreting)廣播(包括電視)在國家政策下對公眾福祉的服務，旨在保證公眾的利益而兼顧私有電臺的作業不受「政府的干擾」(government intrusion)。

FCC有權發給廣播執照，也有權拒絕發照給明顯地(demonstrably)未能服務公眾的利益、便利，及需要的廣播者。此外，違犯委員會規定及美國刑法的電臺也會遭取消執照。

FCC可以訂規則、舉辦公聽會，以導誘媒體為公共利益而作業，但不得有審查節目或干預節目編排的行為。他們只能根據資料判斷該發照或不發照給哪些電臺。而在習慣上，他們若不發執照給某一電臺，都會經過公聽會、民意調查等手續。

這是費苦心的設計，基於自由、民主、公益及媒體開放的理念。一方面保留對電臺終極的約束——執照的可能拒發，另一方面使媒體有了執照之後沒有任何官員或政府可以要求它播什麼節目或不播節目。只要媒體與觀眾之間保持互相接受的關係，就能維持下去。

而這樣的設計是於一九三四年的時候就完成了的。一直沿用至今。

七十年後若有哪一個國家、社會裡，政府與媒體之間仍然在發生衝突或不溝通，顯然，這是一個落後於美國七十年的社會及政府。我們希望「親美」或「支持美國反恐」等表面上的口號，能延伸到學習美國的長處。至少就算「抄襲」對方既有的制度吧，這也是隔著太平洋的「兩岸」問題。

世界警察

當紐約的雙子星大樓及一些美國地區受到恐怖攻擊後，美國總統強力呼籲全世界團結反恐，並出兵攻擊包庇恐怖集團嫌疑最重的阿富汗時，地球上大部分的國家及人民都支持美國的呼籲。

但當阿富汗戰事暫告一段落，而美國仍然堅持要攻打伊拉克，許多國家，包括美國在歐洲的盟邦似乎就有些不能認同美國的邏輯了。儘管美國一直指責伊拉克正在儲存核武，生化武器等等。但顯然，法、俄等國並不認為有必要立即攻擊伊拉克。

最近，為此全世界有一種輿論，包括美國國內的學者，紛紛討論美國當仁不讓，自任世界警察的得失與功過。

這種討論，其實是二次大戰之後，美蘇兩強冷戰時期就存在的。但當時美國的「警察」形象不甚明顯，其霸權也未到獨霸的局面。所以討論未曾白熱化。今天這問題重新提出來，中間也包涵某些新的意思：

第一、世界如果需要警察，這警察應當是聯合國。但多年來聯合國作為世界警察的效率不彰，這中間，經費短缺，會員國（尤其是安理會常任理事國）之間意見不一，聯合國本身習慣上只當和事佬而不主動發動制裁都是原因之一。在這情勢下，美國漸漸透過強權的強勢發言而取代了警察職務，有目共睹。但警察本是不易做的，尤其不易做得讓所有國家心服，不在話下。

第二、美國是自己任命自己為國際警察，因為沒有任何人請他出來做警察。警察若純盡義務都還不一定討人喜歡，何況這中間也有機會藉機擴展勢力，伸張霸權，打擊異己，控制油價……。這就更令朋友擔心，令敵人反感了。

第三、美國做世界警察，若得伸張霸權，未必是美國國民所喜歡的，但到處花錢打仗、或援助，用的都是納稅人的錢，國民是不大樂意的。所以在國際上常不討好，在國內總不討好。

問題在，這個世界警察的形勢也是二次大戰後五十多年來在國際形勢消長中逐漸形成的。如果美國不做警察，那麼誰來做？誰能做？誰願做？也有人說，為什麼一定要有警察？這也是一種想法。然而從無到有，或從有到無，都是大變化。這個世界愈來愈脆弱，不知經得起變化否？

致辭平議

在《中央日報‧全民英語專刊》上看到了英國已故名演員勞倫斯奧立佛 (Laurence Olivier, 1907–1989) 於一九七八年獲頒美國影藝學會榮耀獎時的答謝演說文字。這篇演說簡短而精闢，用辭奇宕，氣勢雄渾，使一次在尋常狀況下很容易淪為俗套的答謝辭，超越其應酬的功能而可以朗朗上口。其辭曰：

...but the mere fact of it—the prodigal, pure, human kindness of it—must be seen as a beautiful star in that firmament which shines upon me...

奧立佛一生演、導許多莎士比亞的戲劇，有口皆碑。也曾演活了名作《咆哮山莊》(*Wuthering Heights*) 中那個懷恨報仇而自苦的男主角。看過的人都印象深刻。他的答謝辭讓人恍然，他不但在戲裡說別人寫好的臺詞說得出神入化，自己說話致辭亦鏗鏘有力。或者倒過來說，唯因他說自己的話說得好，所以說寫好的臺詞也能動人，如同出自肺腑，演員的成功，誠非偶然。

自從好萊塢偶然培養了葛麗泰・嘉寶 (Greta Garbo) 而風靡一世以來，熠熠明星成為電影的重要賣點。但漂亮、可愛、英俊，乃至演技好的明星雖多，像奧立佛這樣深沉而有書卷氣的演員還似乎很少見。因此奧立佛一直是二十世紀的英國引以為豪的很有風格的演員，英女王還頒爵士銜給他，酬謝其對戲劇文化的貢獻。

我國政府近年來也原則上承認電影是「文化事業」。惜乎電影工作者，尚未能充分發揮文化感覺從事編劇、表演、導演、製作等工作，以致國片景氣未能升高。像奧立佛的電影，藝術通乎商業，值得參考。

剛剛舉辦過頒獎典禮的金馬獎，近幾次屢有拒絕高官「蒞臨致辭」之舉，亦可解釋為建立金馬獎文化的一種消極面的努力。高官們其實也不必為不能致辭煩惱。高官致辭本是落伍的官僚習俗，理當改革。為高官計該辦未辦的事甚多，犯不著到不相稱的地方去湊熱鬧，說些自己也不覺有趣、聽眾也不願聽的「淡」話。除非有奧立佛的見識口才，否則「多言數窮」，還是謹遵老子之誡，藏拙為是。

奧立佛曾另有名言：「戲劇之為物，比現實人生還要認真。」觀其致辭之認真專注，當知致辭本也不是容易的事情。高官也何必自曝其短。

舊金山機場

前年九一一以後的美國，在感覺上顯得有些風聲吹鶴唳，草木皆兵。這是因為美國政府，到處宣傳，採取安全措施，連帶地，使進出美國的旅客，感受到一種與過去大而化之的作風，有些不一樣。異樣的氣氛，也使旅客以為，大概通過機場、海關檢查，會很麻煩吧。

事實上，與氣氛之異樣相對照，通關的手續，仍與過去一樣相當正常。託運行李及手提行李，僅只通過X光檢驗通道過去，就沒有事了。可能旅客要通過，會被要求脫下外衣、外套。金屬測試設施似乎調得比較敏感。較大的手錶、吊褲帶、銅板錢，易引發警笛聲。但以舊金山國際機場為例，警笛聲響之後，要求「搜身」的態度，仍然有禮貌而和善。只要坐在椅子上，讓工作人員以測驗器上下測過即可。感覺上，工作人員很有經驗，只要看看旅客的模樣，就心中有數，曉得身上什麼部位的金屬發生反應，很有效率地能在兩三分鐘內做完測試。被「搜身」的旅客，也大部分面帶笑容，任其測試，而大部分無事離開。在這種繁瑣而不討好的例行檢驗上，工作人員能面帶微笑、友善地做完測試，讓旅客面無慍色，可謂是很好的示範，讓人想起，社會上不論哪一方面的監督，監督者和被監督者之間是可以互相尊重、友善相處的。

最令人有感覺的，是美國當局在機場的各種設施上，以廣播、文字、電視等宣傳所以如此仔細檢查，目的在遏止、防備恐怖分子的攻擊，並列舉各種事件及數字，說明每年有多少人因恐怖攻擊而死亡，多少財產因恐怖行為而損失，多少人因而失業、生病、變成植物人等等。文字在大螢幕上不斷滾出，甚至貼在旅客託運行李出來的箱子上，廣播不斷提醒大家若看到可疑的人或事，立即打幾號電話通知警察。

我們可以想像，這些措施動作，一方面為了減低旅客對查驗行李的反感，一方面也在宣傳恐怖分子的可怕與可惡，以正當化美國要攻擊伊拉克及已經攻擊了阿富汗的行為。雖然如此，我們會覺得，所謂「配套措施」就是這樣。僅僅只是機場查驗一件事，但配套能周延到這樣，也算是謀定而後動，很能辦事的政府了。

凡人的生活語言

可愛

世上有許多偉大、能幹、善良、淵博、有用的人，但相對地，可愛的人並不多。可愛，其實是一種稀有的特質。

人不是有學問就可愛，也不是善良、能幹、待人好就可愛。更不是俏皮、撒嬌就可愛。可愛的人，第一心中有喜悅，第二世界很有趣，第三人生有指望，第四胸中無心結。這樣的人，活著就很快樂，看到糖果店裡五顏六色的糖果陳列在櫥窗裡就覺得很有趣。明天要去看芭蕾舞，後天約朋友吃飯，大後天要上語言課，每天都很有意思，天天都有指望。於是他的喜悅從心中自然透出來為表情，嘴角有微笑，眼眸有神采，和人說話，自然友善，於是任誰都說：這人好可愛。可愛是一種近乎天然的氣質。

你若學富五車，世上仍盡有不喜歡你的人。你偉大得不得了，人們或敬你而遠之，畏你而避之；你很能幹，讓人自慚無能。你待人好，怎知你不是胸藏城府，世故裝作？故世上只有可愛的人，讓人喜歡，讓人放心，讓人樂於親近，也讓人愛。「可愛」就字義講，原是可以愛的人。

英語說：“She is lovely”，將「愛」字加上“ly”而成為形容詞，直譯為「愛的」，也許可愛，也許自愛，事實上人必自愛而後人愛。但可愛的人的自愛，常常是不自覺的。因不自覺而無意圖，而渾然無痕，而愈可愛。

可愛這種氣質，通常是無現實利益的。有時候還會是反現實的。因為其所喜悅的事物，或空靈縹緲，或尋常小事，不能增學問，不足為衣食，而他沉迷其中，為之雀躍，旁人見之，或笑其幼稚，或為其不務實而捏一把汗，親人或擔心他天長日久，何以為生，他自己恰坦然無憂，似乎人生所需不過如此。說來似乎很不懂事，很沒打算，但其所以可愛，正在這種心態。

俗云「人生不滿百，常懷千歲憂，打鐵做門限，鬼見拍手笑」。可愛的人，恰把這種打算顛倒過來。

打鐵做門限，自然是極有打算的做法。焉知門內必無禍起蕭牆之事？打算，所以保一世之榮華。無所算或保全一身之天然。而這種保全，正因不自覺，而無懈可擊。終究也不見得就衣食無著。

其實可愛也不見得一定不懂事、無打算。只是這種人一邊打算一邊不讓打算侵害到他的基本氣質。因為他直覺地知道打算該打到什麼程度，放在什麼地位，重要或不重要到什麼程度。可愛是無價之寶，自己喜悅，讓人喜悅，覺世間可愛，使世間可愛。

溫柔

什麼是溫柔？人們往往只想到其對人好的氣質，而忽略了，它也是熱情冷卻到不傷人的溫度才叫做溫柔。

以母女關係為例，母親因不關心女兒而與女兒結怨的事例較少。母親因太關心女兒而事事介入，因而結怨的例子較多。這關心到女兒需要，或女兒願意接受的程度，謂之溫柔。溫者不熱不冷，柔者不僵不膩，如東風拂花，春雨潤地也。故曰春風化雨。

張心齋《幽夢影》中說：「春者天之本懷，秋者天之別調。」春是溫柔的季節，故萬物蘇甦，草木向榮。溫柔的心態實是人間最可貴的氣質，能撫慰傷痛，滋潤疲憊，孕育生機，啟發感情。更重要的，溫柔的人能使別人因接觸溫柔而變得溫柔，一波波，波瀾助瀾，使世間到處有溫柔。

日本有一齣「歌舞伎」開幕時，男主角自茶樓走出，抬頭一看，天下雨了。女主人說：「稍待一下，我去拿傘。」男主角說：「不必，這是春雨，淋著走吧。」言罷，瀟灑地走了。這一場面，流傳迄今，成為風流人物之典型場面。因為它很巧妙地，道出了人們寧沐春雨的心情。這心情說它是瀟灑固無不可，其實也是一種溫柔。

所謂溫柔，簡單地說，是給人溫暖。但有時候也不一定要「給」。常有不給才是溫柔的時候。名作《戰爭與和平》中有一個角色，名彼耶。他一直暗戀女主角娜塔莎。但娜塔莎一直和一個軍官安烈相愛。彼耶將戀情藏在心中，百般成全娜塔莎和安烈的關係。安烈誤會娜塔莎時，他還十分著急，百般替娜塔莎向安烈解釋。但安烈終於離開了娜塔莎。彼耶全力安慰傷心的娜塔莎，一直到娜塔莎漸漸恢復平靜，才向她吐露自己的愛意。

這位彼耶、愛娜塔莎是愛情。愛情深藏心底一直未說出來，是溫柔。可知愛一個女子很容易，對一個女子溫柔是很不易的。

法國文豪雨果的《巴黎聖母院》（俗譯《鐘樓怪人》）裡有一個奇醜無比的男人夸西莫度。他有一次救了急難中的吉普賽女子艾美蕾姐，並把她藏在神殿裡，每日端飯送水去給她飲食。但他唯恐自己的醜陋會嚇到女子，所以每次將飯和水放在房門口，自己趕快退出。

醜男送水飯是好心。趕快退出，則是溫柔。這個醜男從小是棄嬰，長大後在教堂撞鐘混一口飯吃，一生中從未有人對他溫柔過。但他未曾有接觸或學習溫柔之機會，卻能對人溫柔，格外令人感動，他後來將害死女子的副主教從鐘樓上拋下去，以暴力貫徹其對女子的溫柔，應算是一次最激烈的溫柔的展示吧。也令人感到溫柔與激烈是一體的兩面。

夸西莫度也是一個外貌醜陋，卻內心極善良的人。雨果創造這個角色，讓人乍看而懼怕，看下去逐漸認同乃至同情他，其藝術手腕非同小可。以他來對比道貌岸然卻心術齷齪的神父尤其令人激賞。

雜草

有一對年輕夫婦住在一棟有院子的房子。前院有一個小花園。花園雖小，妻子對花園滿懷希望，她到賣花卉的地方買了好幾包草坪回來，種在花園的土地上。每天澆水，還常施肥，草坪長得綠油油一片。妻子非常滿意。

兩個禮拜後，草坪中間長出了雜草。妻子很用心地把雜草拔掉，繼續澆水。但雜草幾天後又長出來，妻子一次一次地拔，雜草總是不斷地冒出來，一個月後，草坪開始枯萎，雜草拔不勝拔。妻子很傷心，向丈夫哭訴雜草之跋扈。

丈夫說：「你種草坪，無非是想院子裡一片綠好看。雜草和草坪一樣綠，有什麼不一樣呢？」

「草坪好看，雜草不整齊，不好看。」妻子說。

「要整齊也不難，買一個割草機，把雜草切成一樣高，就整齊了。」

「雜草還是不好看，況且它就是好看，仍然是雜草！」

「啊，那是因為你認定雜草不好，而草坪好。這個認定也是很主觀的。」

「大家都這麼認定啊，要不然為什麼有人賣草坪，沒人賣雜草？」

「大家認定，只怕大自然不認定。大自然天無不覆，地無不載，況且雜草生命力強，草坪生命力弱，你一定要鋤強扶弱，事倍而功半。何不讓雜草長在那裡，剪齊也好看。」

「不要！」

「請問，雜草於你有什麼仇恨？草坪於你，有什麼情義？一定不能容雜草呢？」

「雜草就是雜草！」

「對了，雜草就是雜草。但草坪是什麼？那是人培養出來的。人們常常種些花草，自稱喜歡親近自然。但他們種的都不是自然的花草。草坪若是自然的，它就應該像雜草一樣自然生長，不需要人照顧它。我覺得你該喜歡雜草，像雜草一樣有旺盛的生命力，『野火燒不盡，春風吹又生』，多麼美麗的生命。」

妻子並未接受這個理論，但她放棄了草坪，任由雜草蕪生。丈夫買了一架割草機，把雜草剪成一般高，將就看得過去。一日天下大雨，院子並未積水。妻子驚問其故，丈夫說：因為雜草根深，又多吸水，所以院子不易積水。況且就是積水了，泡在水中，雜草仍然活著，繼續吸水。

走進旅行

旅行的意思，不是要走出去，而是要走進去。

旅行的第一階段，是走進一個陌生的地方或國土。第二個階段是讓陌生的國土走進你的心。第三個階段是你的心變成那個國土。當你的心包容，變成世界許多國土時，真正的「世界大同」於焉實現。

許多人罵人「崇洋」。「崇洋」是崇拜西洋或東洋的人或事物之意。這句話，應該不是用來罵人的，而是拿來恭維人的。人能崇拜任何事物，都是能力。如果那事物確有值得崇拜的價值，崇拜更是很重要的情緒。

譬如你要學英文，你若不崇拜英國的人文、語言、風俗、歷史、文學，你為何要學英文？學英文也怎麼能學得好？你不但要崇拜，而且要迷入；不但要迷入，而且要陷溺。陷溺到日思夜夢，愛其哲理，慕其文華；片言隻語，皆成綸音，殘簡斷章，視同珠玉。於是陷溺既深，浸之淫之，全身受其人文之洗禮，心靈得其語言之熏陶，先迷進它而後回首時，那片英文天地已屬於你了。

許多人不察這個道理，學習英文，好像出去購物，不是走進英國語文中去，而是天天從學校裡「買」回來一篇兩篇英文，稍稍看一看，就覺得已經學到了。這有如許多人「出去」旅行，玩玩就回來，心靈未進入目的地，這種人可以走遍天下，一無所見。出去時是土包子，回來後仍然是土包子，其如旅行何！

旅行，要走進陌生的城市，陌生的鄉間，陌生的田園、山岳、河川、原野、樹林、海濱，用腳走路、用神體會。走走也許迷路了。迷路是很好的狀況，那表示你迷入了，而且迷得很深入。你繞來繞去走回來，重新又迷入。迷個幾次之後，你對這地方，就瞭如指掌了。你低著頭，心中想著心思，路也不看，就能走，因為這地方已進入你的心中了。

英國作家威廉哈茲里說：他願意終生旅行，如果能借另一個人生住在家中的話。哈茲里先生顯然缺乏中國人「四海為家」的思想。這種思想，事實上是一種感覺，一種走到哪裡都走得進去，有如進入家裡的感覺。

中國人說：「讀萬卷書，行萬里路。」事實上行萬里路已包括了讀萬卷書。萬里路裡面包括行入萬卷書中，行入生活的歷練中，行入陌生的國土裡，行入各種幻想與情境中。世界與人生，都是無盡藏，誰走得進去就進去了。誰走不進去，就只好在門外徘徊。

不病不得閒

人皆怕生病。生了病就惶惶不可終日。有些人生了個小病也趕快去看醫生，拿了藥，才得心安。現代人說：生病看醫生才是正途，不可自己亂投藥。話雖不錯，但也有許多醫生說：藥只能止疼，不能治病；病還是要靠人身上的抵抗力克服的。

白居易是生活情懷中常有創意的詩人。他大概常生病，所以翻開他的詩集，病中之作甚多。這些作品多有啟發性，也常言人之所未言。譬如他的〈病中五絕句〉中說：「今日行年將七十，猶須慚愧病來遲。」好像對於到了七十歲才生大病有點不好意思的樣子。另一首絕句說：「方寸成灰鬢作絲，假如強健亦何為。家無憂累身無事，正是安閒好病時。」人到了能覺得「安閒好病」，生病好像已成為享受了。怪不得他在另詩〈病假中南亭閒望〉中說：「始知吏役身，不病不得閒。」這句「不病不得閒」現代人應該是很有同感的。

白居易也有把生病寫得很蕭索的詩。如〈寒食臥病〉：「南鄰北里歌吹時，獨倚柴門月中立」；如〈病中晏坐〉：「外安支離體，中養希夷心。窗戶納秋景，竹木澄夕陰」。寂寞之中並無掙扎呻吟，難道是他生的病，都是不痛苦的病嗎？想來他可能把生病這件事美化了，只注意月、秋景、竹木等等，也算是一種心理建設吧。

馬克吐溫的名作《湯姆歷險記》中的男孩湯姆，常常受到姑媽的叱責。有一天他生病了，姑媽一改常態對他很好，百般呵護。湯姆心中想著：如果一直這樣病下去多好……。

男孩的想法是人同此心，心同此理的想法。凡是母親疼愛的小孩，情人會來探病的女子，兒女孝順的母親，對他們而言，生一場小病是很享受的「休假」吧。但對於無人看顧的老人，孤苦伶仃的王老五，落魄潦倒的窮人而言，生病當然是極艱苦的事情，不在話下。

然而白居易的態度仍然是極有價值的。對於大多數的人，這種觀念的轉變能把可怕的病痛轉換成某種程度的享受。境由心造，事在人為，一念之間，苦樂移轉，足見高明。

想來人生苦樂，原不一定。有人樂別人之所苦，有人苦別人之所樂。人們一向在生老病死中以死為悲，老病為苦而以生為樂，這種思想也不過從俗而已。但俗見豈足以盡人生之悲喜，窮苦樂之玄奧？脫離俗見，獨創境界，轉苦為樂，是謂創造。即不能享受生病，至少以「不病不得閒」自解，也聊袪苦思，豈不勝似悽惶自苦於病榻之上！

絕交才有朋友

《世說新語》中有一個故事：管寧和華歆一起在園中鋤地。看見地上有一塊金子，管寧照舊鋤地，如同見到的是瓦石一般。華歆則撿起金子，看了一下，又扔掉。有一天兩人同坐在一張蓆子上讀書，有乘坐官車的顯赫人物從門外經過。管寧依舊讀書，華歆卻丟開書出去觀看。管寧於是把蓆子割成兩半，分開座位。對華歆說：「我不要和你做朋友了！」

從前，像這樣朋友因理念不同，志趣相違，或品操逕庭而絕交的故事，事例甚多。從前的人是會拉下臉來和朋友絕交的。絕交的意思是：絕交之後，雙方互相的道德及感情義務，均告消滅。

現代人很少絕交，因為現代人「進步」了、世故了，會做人，覺得拉下臉來聲明絕交，多麼傷感情，既然話不投機，以後少接觸就是了，又何必鄭重其事地絕交。況且大家都是混前途的，說不定哪一天又碰面，或需要互相借重對方，留個不即不離的活口在那裡，以後也好見面啊！

從前的人因為會絕交，所以他若沒和你絕交，你就能相信他一定會對得起你。現在的人不絕交，所以你永遠不知他是否表面依然卻暗地裡在挖你的牆角。從前的人會絕交，所以沒絕交的，全是朋友。現在的人不絕交，所以誰都不知誰是朋友。從前的人因為會絕交，所以朋友很多。現在的人因為不絕交，所以也不知有多少朋友，常常相識滿天下，卻一個朋友都沒有。往往亟需朋友的時候才發覺根本沒有朋友。

古人每以其人所交之朋友來判斷其人之智愚、仁暴、賢不肖。以智者為朋友，其人必智，以仁者為朋友，其人必仁，以暴者為朋友，其人必暴。如此看來，不知有無朋友的人，其人必是可有可無之人。以反覆無常的人為朋友，其人必也反覆無常。反覆無常的人隨時可以捨棄朋友，背叛朋友，還有什麼絕交的必要？可見從不與朋友絕交的人，是沒有交友的誠意的人。

人連買件襯衣都要選擇，買一隻寵物都很挑剔，豈可交朋友而不選擇，不挑剔？世人一向鄙視「人盡可夫」的女人，但對「人盡可友」的男人則異常寬大。他們認為那種人是「好好先生」，度量大，宰相肚裡能撐船。宰相肚裡不妨撐船，但不可容小人，此孔子之所以恥巧言令色而孟子之所以遠鄉愿也。

今日的社會人，交友則經營「人脈」，見面則虛言粉飾，終生不敢與一人絕交，怎能交心？竊以為「人盡可夫」可能只是行為的不貞。人盡可友，是精神的不忠，是更墮落的心態。

擔心

詩曰：「夕陽無限好，只是近黃昏。」許多人借詩喻人生已近暮年的落寞。似有過了此黃昏，人生萬事皆休的感慨。也有那種比較想得開的哲學家，認為任何事物，包括人生，皆有結束。結束是存在的完成，人生亦然。人必須死了，其存在的美好，或不美好才凸顯出來。這是很灑脫的辯證。但吾輩凡人有時候難以想開，對於所餘無多的人生，仍然難免有所留戀。

倒是有一個故事，頗能令人解頤。有一個老頭子，拿了一筆退休金，開始退休生活。因為退休後不再有任何收入，存款逐漸消減。一日，好友來訪，問起老人退休後的生活，老人很爽直地將健康到經濟情況詳細報告。好友問：「你退休金存款愈來愈少，難道不擔心嗎？」老人坦告：「當然擔心啊，我兩頭擔心。」朋友問：「怎麼會兩頭擔心？」老人曰：「我擔心一朝存款用完了，而我仍然活著怎麼辦？」朋友說：「對了，還有哪一頭？」老人曰：「我又擔心，萬一我死了，而存款尚未用完怎麼辦？」

朋友啞然失笑，說你這樣兩頭擔心，也太累了。我建議你先寫好遺書，萬一你死了，而仍有餘款，就授權讓我來處理你的遺款，我一定把所有的餘款用在你的喪儀上，一文錢都不會落在我口袋裡。老人說你的為人我倒信得過，我就照你的建議寫下遺書，後面的事，就麻煩你老弟了。

後來，老人果然死了。朋友到銀行查詢老人遺下的存款，發覺所餘不多。朋友頗為後悔自己承擔了這件事，但承諾終究是承諾，只好自掏腰包，支應喪葬費用。

喪葬事宜，一應辦完之後，朋友如釋重負。當晚，卻夢見老人出現，再三向他道歉，表示讓他代付喪葬費用，心中十分過不去。老人說，我當日兩頭擔心，畢竟未曾擔心到這第三種狀況，如今想來，實在慚愧。朋友聞言，大怒曰：「你一生都在擔心，難道迄今不悟擔心是無濟於事的嗎？我為你勉強做這件事，為的是免掉你擔心。如今看來，是白做了，你死了都還在擔心？」

這個故事，是一個十分訕笑擔心的人的故事。人生有許多事不可不預先籌謀，有些事無法預先籌謀，只好聽其自然。而擔心，是幾乎沒有任何用處的心理狀態。如果人對一件事除了擔心之外一籌莫展，實不如「醉生夢死」不擔心的好。譬如像「夕陽無限好」此景此情，不去欣賞它而徒然擔心「只是近黃昏」，也太寒傖了！

沒出息的人生

聰明的中國人一向都知道要裝出沒出息的樣子，才能化敵意而活得安全些。故劉備託身於曹操時在後圃種菜以示沒有大志。大將領軍出征時常常臨行時為子孫向皇帝請求封邑田地，以暗示其志在求田問舍而已，決不會造反。諸葛亮「隱居」南陽時，也做出「苟全性命於亂世，不求聞達於諸侯」狀，做狀做得蠻成功的，可惜後來終不甘寂寞，走出茅廬，為劉備畫策天下事，雖然「功蓋三分國，名成八陣圖」，但終生勞累，被後主疑忌，被太監讒陷，視張良有愧多了。

可見聰明人，多半雖懂得做沒出息狀，但終難真正使自己過一個沒出息的人生，優游一生，以全天命。因為沒出息的人生，實在太沒出息了。差不多的中國人，一向都被教育成追求有出息的人生，而看不起沒出息的人。

感覺上，只有少數思想很開通的人如老子、莊子、許由等，能終生拒絕有出息的機會，而安於沒出息。莊子且在其著作中一再提到，楚王等使大夫往聘，而他表示寧願如龜之「曳尾塗中」的意思，可以說是很情願沒出息的人了。

世上固然有許多人過著沒出息的生活，但多半是因為無才無德，無法出息，只好茫然活著。真正懂得沒出息的樂趣的人是很少的。

沒出息的生活，到底有什麼好？

第一，沒出息的生活沒有壓力。凡是有出息的人，或有經國濟世之任，或存升官發財之志，每天惶惶不可終日，事務既繁，挫折亦多，聲譽日隆，謗亦隨之，宦海浮沉，終無心安之時。這樣多難的人生，除了為真正崇高無比的使命之外，權勢錢財皆不值得如此辛苦。計歷史上，真正有憂天下之心者，棲棲一代，令人覺得尚算值得的人，屈指可數，其餘的人，實可不必那樣操心，過個無出息的人生，要愉快多了。

第二，有出息的人看沒出息的人覺著渺小，那是人望星星而覺其小。沒出息的人看著有出息的人，覺著可憐，那可憐是真可憐。因為其辛勞憔悴，歷歷可見。

第三，沒出息的生活，表面上好像很消極，事實上符合安貧樂道的理念。世上有許多希望有出息的人貸款做生意，造成銀行呆帳，拖累親戚朋友。明明沒什麼政治才能，卻去競選議員，落選了拖了一屁股債，當選了，禍國殃民。

這世界上人人都想有出息，所以天下大亂，如果人人安分做一個沒出息的人，則在民主法治的制度下，人人過那渺小而單純的生活，天下就太平了。

據說美國兒童的父母和中國父母不同，他們不望子成龍，只告訴兒女：「孩子，爸媽並不要你們出人頭地，只要你們活得快樂就好了」，這真是體貼孩子的父母。

但也有人說，這是因為美國的法治及美國的文化允許不出人頭地的人可以有尊嚴地生活。

五千英里的單車道

英國於最近在「千禧年委員會基金」的資助下完成了五千英里的單車道。但負責完成單車道設計及施工的"SUSTRANS"（交通支持聯盟）正到處呼籲，請大家每月資助三英鎊，以完成剩下的五千英里道路，合成一萬英里的單車道。這單車道取名「全國單車網路」(National Cycle Network)，準備聯繫、串通全國各大小城鎮家居、學校、商店及辦公處，只允許非機動車輛，如單車、手推車、手推娃娃車及行人走，將成為全國性的無污染及無危險、無車禍的道路。

在全世界到處都興高采烈地以各種花俏的活動慶祝千禧年時，務實的英國人卻撥出基金，勸募捐款，築了五千英里的單車道，其見識和作為令人欽佩。他們預料等一萬英里的單車道完成之後，每日將有三千萬人次的單車族、上班族、購物人、媽媽、學童、醫生、教師——換言之除了開汽車、騎摩托車的人之外的人來使用這萬里「人道」路——它名副其實地是符合環保、景觀、寧靜、交通需要、人道的道路。

它唯一缺乏的是所謂「經濟效益」。但什麼是經濟效益呢？根據「專家」的意見，所謂「經濟效益」是，第一，築了一條高速公路，或高速鐵路，每天有多少車輛，或多少人利用這條路，因為便捷快速，節省多少時間，多少汽油，多少車輛的消耗。第二，鐵、公路造價雖貴，但使用者付費，每一輛車收多少錢，或每一個搭高鐵的人每公里付費若干，多少年可以還本，多少年可以賺錢。第三，帶動沿線地方繁榮，工商業、旅遊業、交通業、及各種業的起飛，對全面性的經濟有很大的效益。

上述的效益都是具體而可見的效益。「專家」侃侃而談，政府唯唯是聽，我們豈敢異議？但雖然如此，每說到交通建設，首先只想到高速公路和高速鐵路，是否也太僵化了？

想來築單車道，造價遠低於高速公路或汽車道。在滿天都在討論環保、空氣污染、交通安全、生活品質的世界裡，迄今在臺灣這麼有經濟成就的國土裡，沒人想起要造單車道，簡直叫人不敢相信。

據說明，一萬英里的單車道，三分之一將利用廢棄的火車道，運河拖船道，沙邊地，及廢路，其餘將沿現有道路造路，盡量利用交通較少的道路闢單車巷。

我們有為的官員們，若能省下一點行政、立法兩院罵來罵去的時間，思考一下類此福國利民的政策，希望空氣清淨的百姓，不勝感激。

拚命

拚命，是衝動性行為的極端，但未必都是「拚命三郎」式的。

莎士比亞讚揚溫婉女性的句型中，常有：「她虔誠恭敬，有如她只活到明天。」人若只能活到明天，今天就必須活得有氣質一點，這是另一種「拚命」。與「朝聞道，夕死可矣」，很接近了。

曾看到有人為誕生英國「戴維斯盃網球賽」的網球國手戴維斯立傳，據說戴維斯每次打球，每一球都使出全部的能力。心態是：只要把這一球打過去，下一剎那就倒下死去，也無遺憾。這當然是一種「拚命」的打法。

古往今來，其實拚命的人很多，想像中莫札特、貝多芬之流，作曲時，有可能覺得這一樂章作好，可以死去。有人覺得註完一本書可以死去，有人覺得做好一件事可以死去。因為可以死，所以彪炳千秋。

像黑旋風李逵，為了出一口鳥氣，可以不要命，這也算性情中人。最無氣質的是「愛拚才會贏」的想法，既無理想，又不性情，只為了贏得一式半招或一官半職，就拚命了，真是傖夫行徑！

寧願是匹夫匹婦，為賭一口氣，為爭一個女人，為報一個仇，為還一個恩，為了人情義理，為了面子，把命也豁出去了，看起來還痛快些。中世紀的歐洲紳士，為了一點面子問題捨命決鬥，看似愚蠢，其實唱高調，而行動隨之。至於以命相搏，亦算言行一致。再不然像戰國時代的尾生，在橋下等女子，女子不來而洪水淹至，尾生不肯離去，終至滅頂。這是為約會而拚命，有此決心，乃可約會。

中國人認為日本人動輒切腹自殺，是輕生。殊不知那是拚命的遊戲。前提是做事做壞了就得死，然後開始做事，做事必做成。中國人把事做壞了，認為大家都應以「恕」道待之，故事情總做不好。哪一天中國的公務員都做事拚命，中國就不得了了。

成熟的人是不拚命的。成熟的人過的是平衡的人生，不會動輒拚命。但世界的文明及價值大部分是拚命的人創造的。像哥白尼說明「地動說」、貝多芬作交響樂、哥倫布做長期航海發現新大陸，都必須拚命才能做到。

拚命是精神高度亢揚的狀態行為，故拚命的生活是極為濃烈的生活。人若能終生保持拚命的意興，不虛此生。只是，它是利刃而有兩面刃，能創造，也能破壞。

郵政懷古

曾看到過一個消息：歐洲某國，有一七十高齡的老婦，接到一封四十多年前，由其男友寄出來的求婚信。這封信付郵之後不知發生什麼差錯，延誤了四十多年才到達受信人手中。不用說信到之日，已人事皆非，芳華已逝，莫可奈何了。尋常狀況下，郵政業務大概不大會延誤送信如此之久。但想想那每日送出送達的郵件中，有多少信是負載著人生沉重的悲喜情感及關鍵性的信息與決定，可能影響到多少人的生活及際遇，不得不重新估量，郵政業務，可能不只是一種「業務」而已。它所牽涉的，實有相當程度的道德意義。

每次看古人的詩，看到「家書抵萬金」、「嶺外音書斷」、「鄉書十寄九不達，天北天南雁自飛」等句，都會想起郵政之創始何其遲，未能給杜甫、宋之問、戴復古等人以方便，真是千古憾事。

但今日的郵政很少令人想起古詩人悵望魚雁的情緒。一方面因為整簍寄發的廣告傳單及選舉拜票的印刷信等「沒有營養」的郵件，沖淡了重要書信的情義，另一方面由於電話、傳真、電子信等的發達，取代了郵政的部分重要性。可能也使郵政業務人員覺得，信延後個三、五天送達沒有什麼了不起。其實一張請帖或季節賀卡時效已過才來到，雖沒有什麼了不起，中間所可能造成的小誤會有時候也很困擾的。何況這裡面還有小小的交情及情緒上的期待，說重要好像不重要，卻也不能不說是生活上的滋潤。郵局似不應以寄信人不過貼了幾塊錢的郵票，而忽視了送信的道德意義。說得嚴重些，郵政所司，乃人類互相溝通的文化，當一封信遲到或不到時，寄信人不知其未達，而受信人不知有此信，這是與別的「業務」很不一樣的狀況。其道義責任也似乎因此相對提高。

為此，各國的郵政，莫不把它當成很重要的服務業，採用最新儀器，一次識別地址區域，印上暗碼，利於地方局操作，並機動調配送信人員，以期迅速送達郵件。

雖然在商言商，既是企業，拿多少錢，做多少事。我們寧願郵政業務能多少有古詩人盼望家書的情懷，使「業務」能帶上一點文化意味。

另一方面，我們贊成大量郵件不必打太多折扣，以價制量，使「沒有營養」的信件能相對減少，順便也減少垃圾及紙漿的消耗，也算是為地球節省資源。

壓力的解剖

據說，現代人壓力很大，到處承受各種壓力。譬如他每天很忙，早晨上班，趕開會，接電話，會客戶，主持簡報，批公文，洽事務，晚上又要趕飯局，赴應酬……時間的壓力太大了。又譬如，他每天都很煩，開車塞車，開會意見多，事情做不完，同事互相傾軋，回家妻子嚕嗦、兒女都不聽話，女友有許多抱怨……人情的壓力實在太大了。

這些話，大家都這麼說，大家都這麼聽。久之，就成為「當然現象」。當然現象是一種文化，它被認同、肯定，成為生活的某種必需品，或標準模式。於是乎大家表面上都在抱怨壓力大，事實上人人都在追求壓力。因為「現代人」人人都有壓力，萬一有一天自己被發現沒有壓力，豈不顯得自己很無能，很沒出息？你活在「現代」的社會，怎會沒有壓力？你難道不趕開會，不趕飯局，不交女友，不見客戶，不忙碌？除非你是草包一個！

在「現代」的社會裡，有沒有哪種人是沒有壓力的呢？有的。想像中叫化子是沒有壓力的。

叫化子不開會，不主持簡報，不見客戶，沒應酬，不開車，不理妻子，不交女友……當然沒有壓力。但這些只是表面的原因，真正的原因是叫化子不需要壓力，不必追求壓力，不必看起來很忙碌，不必裝出很重要的樣子。因為他已淪為叫化子。人人都知道他不重要、不忙碌、沒前途，他還要裝什麼蒜呢？

叫化子之所以沒有壓力，在於他擁有的太少，無可損失，無所執著，不必裝腔作勢，有一頓就吃一頓，有一塊錢花一塊錢。這種生活也許不值得羨慕，但其心態——也許是被迫變成那樣的心態——並非全無可取。

有一句話說：「退一步海闊天空。」事實上「現代人」會有壓力，皆因他處處想進一步而不願退一步。不錯，他每天要開會，但開會的壓力並不大，問題在你企圖在會議席上說服別人，凸顯自己，或把議案照自己的意思通過。見客戶也不一定有壓力，只要不窮凶極惡地推銷，也許可輕鬆愉快地交談。飯局、應酬原也不一定要去，但若想製造人際關係，以備將來升遷或有所作為，那就另當別論了。

事實上「現代人」比過去的人壓力較大的原因並不多。「現代人」在冷氣房上班，靠電話、電腦、傳真連絡，擁有各種科學儀器和設備，有較方便的上班環境與生活條件，怎麼會壓力較大？其所以壓力較大，乃因所求或野心較大，人想要多少東西，便承受多少壓力，希望升到什麼地位，就遭遇什麼困難，這是很公平的事情。現代人，就生活條件而言，比過去的人幸福多了。

我曾聽一位女同事說：「天天要準備飯菜，壓力太大了。」我難免想起當年祖母在家燒飯，每天燒飯時那快樂的樣子。她每天凌晨起身，先是用火把柴燒起來，就要煽火煽三十分鐘，然後淘米燒飯……從早忙到晚。但她燒飯時一直都很快樂。她經常只感受到一種壓力，就是怕明天米桶裡沒米了，無飯可燒！想想，現代人有什麼壓力？

在同一個辦公室裡，我們往往會見到一些有趣的現象，一群人從事類似的工作，但有人天天緊張兮兮，抱怨壓力太大，有些人則從容不迫，舉重若輕。結果，緊張的人往往做事較少，從容的人常做事較多。足見壓力，未必來自工作忙碌，可能是來自工作太多的想像。你以為工作很多，不得了了，還沒做就先緊張，結果就有壓力了。

英國哲學家約翰羅素說：「人們常常用十分之九的心力擔心工作，然後用十分之一的心力去做這個工作，工作所以會吃重，原因在此。」他勸人不要擔心，提出一種邏輯：工作或問題若能解決，那就把它解決了，不要擔心。若是不能解決，擔心也沒用，益發不必擔心。所謂壓力，其實就是這種矛盾所誕生的。

說穿了，人生最大的壓力來源是怕壓力。你怕壓力，對於任何可能成為壓力的事情都反應過度，就會成為壓力。有道是「債多不愁」，如果說現代人常常有壓力，那麼，壓力多了是否也可以不愁？你只要習於壓力，覺得有壓力是正常現象，壓力自然會消失，何壓力之有？

有朋友天天覺得壓力很大，我勸他買一本《白居易詩集》看看，或可消除壓力。後來我問他看了《詩集》否，他說他沒買，因為怕書放在那裡會有必須看的壓力。這種人，沒有壓力才怪！

何必自殺？

世界上最不容易自殺的人大概是叫化子。叫化子對生存的辛苦素有歷練；對人生、人世不存什麼指望，受人白眼、遭人鄙視、舉目無親、常常挨餓，早已是「正常狀態」。他們只茫然覺得：活著就好。他們很少動念要自殺。因為對他們而言，生或死，似也不值得再花力氣去改變。

除了叫化子因為從不指望而不會失望外，尋常人都會因失望而自殺，或動自殺的念頭。

據威廉詹姆士（William James, 1842–1910，美國心理學家，著有《心理學的原則》等書）認為凡是受過教育的人都曾與自殺的念頭「調情」(dally with) 過，只是未必就真自殺。哲人尼采在其《超越善與惡》一書中說：「自殺的念頭是很大的安慰，因為有這種安慰，人乃能度過困境」而不自殺。人若能因為知道反正隨時可以自殺，而不急著自殺，常常也能活過一生，而「尚未」自殺。

但要玩這種遊戲，或與「自殺」調情，是需要有點另類頭腦、一點灑脫的心情的，在有鬧劇而無喜劇的臺灣（這點請多看電視就會明白），人所受的教育，是否能陶冶出某種喜劇精神或幽默感，頗有疑問。

說得認真一點，當一個人活到走投無路，情勢上似乎除自殺之外，想不出有其他方法時，必須有一種根深柢固的反自殺的文化才能阻止自殺。這種文化，在傳統的中國人的思維中原是存在的。

傳統的文化，除了「捨生取義」之外從不認同或鼓勵自殺。而且即使是自己的性命，要死也須遵守某種倫理規矩的。《論語．先進》：「子畏於匡，顏淵後。子曰：『吾以女（汝）為死矣。』曰：『子在，回何敢死！』」

「老師還在，我顏回怎敢先死！」這就是死的倫理。在中國的文化中，儒家認為「身體髮膚，受之父母」，勸人珍惜生命。道家認為人秉性命於天地，應享受天年，以順自然。佛家認為連螻蟻的性命都要愛惜而保護之，何況自己的性命。這些說法，由來很久，上一輩的人都耳熟能詳。如今，這些傳統文化的道理，逐漸被現代及「本土」的觀念取代了。但人若是自己的性命都不保還談什麼現代、本土？

景氣誠然蕭條。在「臺灣錢淹腳目」的驕傲中，有人窮到不得不自殺，或空虛到視性命為累贅，大概也是對驕傲的諷刺吧。但為動自殺念頭者計，做什麼事都可能成功，也可能後悔。但自殺了，就連後悔的機會都沒有了。人若連死都不怕，尚有何懼？那也何必自殺呢？

自殺其實是很勇敢的行為。你若死都不怕，何事不可為？又何必自殺？當然，自殺也並非全不可取。大概「義不苟生」就是自殺唯一的正當性吧。

天葬之美

西藏有「天葬」的習俗，將死者之遺體，置諸山上，讓几鷹啄而食之。鷹食後飛翔雲間，象徵死者靈肉皆上升天上。這個說法在西藏等地區，可能流傳已久，但有些人不信其說，認為那是「迷信」，也認為曝屍於山野之間餵鷹，狀甚殘忍，不人道云云。

「靈肉升天」之說，可能也只好各信其信。但就自然循環之理而言之，遺體餵鷹，莫非也是天然之葬，可謂「天葬」。設不置於山野而餵鷹，埋於地下而供蟻蟲之食，其結果相同，只是埋了地下，親人就看不見了，不覺殘忍而已罷了。

而埋在地下，實對尚存的人有許多「殘忍」的結果，不可不察。濫葬於地下，葬於山，則害森林；葬於平地，則奪田畝，都是既害環保，又損生產，又礙觀瞻的事情。《禮記》：成子高寢疾，慶遺入請曰：「子之病革矣，如至乎大病，則如之何！」子高曰：「吾聞之也，生有益于人，死不害于人。吾縱生無益于人，吾可以死害于人乎哉？我死，則擇不食之地而葬我焉。」

「不食之地」意謂不宜耕作之地。在那個時代，人口很少，土地並非像現在這樣缺乏，子高已有不奪田畝的思想。到了今日，許多人生未必為社會做了什麼事，死了還營「陰宅」，競豪華，論風水，可謂迷信、愚昧而自私。以今日寸土寸金的現狀而言，這樣掠奪土地，比四千年前埃及帝王營金字塔的作風更淫虐了！

人食鳥獸魚蟲而生，死後所遺不過一具軀體，委身於鳥獸昆蟲之口，這是一種「公平」，也是一種循環。大自然生生不息，就是靠這種循環。西藏人何等想得開，將遺體還諸天地、飛禽，而名曰「天葬」，竊以為，在技術上不便在都市裡這樣做，至少在精神上應仿效其作風。

中國人講究厚葬，自周代以後已成風氣。《禮記》成書於西漢，成子高在臨死前說出這番話，既表達自己的思想，也對當時厚葬的風氣提出了尖銳的批判。胸襟甚大，見識甚高。成子高的思想是讀書思維的結果。

至於西藏民族，他們成長於高原開闊之地，日常與山岳雲天為鄰，與草木牛羊為伍，接近大自然的人，自然養成豁達的性格，寬宏的胸懷。在他們想來，人活著，就與鳥獸山岳生活在一起，死了，讓遺體也回到山岳鳥獸那裡，不覺得有何奇怪。對於「都市人」難以接受的觀念，他們自然而這樣想，這正是莊子所謂：「知天樂者，其生也天行，其死也物化。」想想都令人悠然神往。

不記仇的哲學

記仇不好，不因為太小器，也不因為太傷神，而是因為牢牢記得一個仇恨，也太便宜了仇人了。對仇人的最徹底的報復是把他忘了，不記得他、不關心他、不在意他。

我們設想一個場面——假定有一個小人，他在多年前常常毀謗你、陷害你、與你結仇。事隔多年，你與他又在某個場合不期而遇。那仇人遠遠地看到你，向你走過來，一臉陰險，對你皮笑肉不笑地說：「老兄好，許久不見！」這時你最好盯著他看一會兒，然後茫然地說：「老兄貴姓？我們見過嗎？」

這時你這個仇人一定會臉色陡變，尷尬地向你解釋他曾和你同事，或在哪裡一起做了什麼事……這些並不重要，重要的是你還可以假裝慢慢回想往事而想不起來以作弄他一會兒。而他此時一定大失所望，只好訕訕離開。

對你的仇人而言，這是很大的侮辱，與他所期望的反應相差太大了。他原以為你會以充滿恨意的眼神看他，表面說「你好」，卻被勾起過去的仇恨而不自在，而切齒，或說兩句諷刺的話對付他。但你竟然忘了他，這事，比情人別戀、翻臉不相識更難堪，想想那麼大的仇恨而你竟能忘得一乾二淨，連他的人都忘了，這分氣勢就足以把他的壞心眼粉碎了。想他當年費多大的心思精神去陷害你，你竟絲毫未留在心上，簡直也太藐視他了，這屈辱，怎吞得下去！

萬一這仇人確實和你同事多年，裝作不認得他太假，你還可以輕輕和他點一下頭，然後接著和別人講話，把他晾在那裡，以示他對你已毫無意義。

在理論上，記仇，對自己有害無益。如果你在裝作不記得仇人之餘，能真正把仇恨或仇人都忘了，那是上上大吉。萬一此仇此恨，很難忘懷，那麼同樣要記仇，應把仇恨和仇人概念化，而不要把它個別化。

概念化，是將仇，分析演繹成一種概念。研究仇之所以成立的人事及社會背景，及恨之所以嚙心的心情生態。知道了仇在什麼場合，因什麼過程而結，今後即可避開這種場合與過程。分析心情成恨的狀態，也有助於自我調節，早日脫離仇恨之桎梏。則記仇實即記取教訓。

千萬不要說：他當年害得我死去活來，此等陰狠歹毒之小人決不能饒他！須知彼一小人耳，若說決不能饒他，豈非也太抬舉了他了。你的心中應記的有價值的、有趣的、美麗的、浪漫的事正多，怎麼輪得到那個小人？

何不天天過年？

世界各民族都視過年為喜慶節日，但過農曆年，可能是中國人特有的文化。過年時闔家團聚，吃喝玩樂，不在話下。也有一種特別的氣氛，那就是因為喜氣洋洋，又重視吉利，所以這段日子裡，人們變得特別和藹可親，言必吉利，口不出惡語。平日打官腔的上司，這段日子裡也放下笑臉；常常怒顏相向的同事，這時候也改以歡顏道恭喜；平常不打招呼的鄰居，此時也會點頭相視而笑。至於久不見面的親友，電話道賀，相約小酌，自在意料之中。

難免想：同是一個人，季節不一樣，待人接物的心情、態度就不一樣，豈非怪事？春節既能不打官腔，平日何以不能？春節就和鄰居打招呼，如此繼續下去，一年三百六十五天都打招呼有何不可？打不打招呼，其實還只是末梢的事情，重要的是節日裡心情愉快，這是很主觀的事情；不是節日的日子裡，也保持心情愉快，應當也是自己可以主動決定的吧？

或以為：春節是特別的日子，這日子裡，周圍充滿喜氣，大部分人不必工作，可以吃喝遊樂，可以團聚，可以遊手好閒；生活輕鬆，心情自然輕鬆。但春節一過，恢復上班工作，生活緊張，臉色自然凝重，可厭或緊張的事情接踵而來，俗云「人生不能天天都過年」，正是此意。

竊以為人生不能天天過年只說的是身不由己的事。像自己要決定天天都心情好，這種自由心證的事，是可以天天過年的。人生本來就該有些創意，這就是創意。你決定要天天像過年一樣笑顏對人，友善說話；心想事成，境由心造，有何困難？

深入一點說，過年或任何節氣，都是天體的運轉、天候的變遷及地氣的湧現與人的生活發生關聯的關鍵日時。其對人的生活有一定的影響及啟發乃是自然的事。有智慧的人，將這樣的啟發引進人生長期的生活中，透過主動的思惟，調整自己的心情，創造快樂的日常生活，正符合《易》「天行健，君子以自強不息」的理想。有為者當若是。試想吾人每年過一次春節，嬉戲數日，連聲恭喜，數日後依然故我，這是多麼老套的事情。心念一轉，今年起，決定終年天天過年也何妨。不要膽怯。試試看，也許有志者事竟成。

第三者的妙用

在一對恩愛的男女或夫婦之間，有人介入，此人通常被稱為「第三者」。這個第三者，乍看好像是多餘的人，不必或不該出現而出現的人。

在兩個相對峙的敵人之間，有人介入；此人通常也被稱為第三者。這個第三者可能是和事佬、仲介者，乍看是好人。也可能是挑撥者、離間者，乍看是壞人。

但第三者的功能及意義，其實不能如此簡單地歸類。它的作用可以千變萬化，它的意義至為微妙而多樣。

試想，一對恩愛夫妻，當他們只是兩人相對時，乍看溫柔恩愛；但天天說情話、吃飯、上床，那生活也是很無聊的。至少作為一個情景或故事，是無趣的。但如果有一天，有一個第三者介入他們的生活，那情景就整個生動活潑起來了。也不必一定把這第三者想成是破壞婚姻的「外遇」。也許是一個友善的朋友、妻子的同學、或丈夫的同事，常和這對夫婦一起吃飯、打牌，乃至旅行……。如此單純的介入，都足以使原來兩人的生活變活潑了。如果這個單身漢，對妻子有些感覺；或者介入的是個女子，一向和丈夫能隨便開玩笑，乃至打情罵俏。那情景，說嚴重沒什麼嚴重，但在看似友好的氣氛中會添入一些微妙的心病，這狀況就會變得「有趣」了。

兩個人也不一定是一對恩愛夫婦。可能是職場上競爭或敵對的兩個人。這時候介入的第三者，其功能也有無窮盡的妙趣。

《三國演義》之所以有趣，就因為它有三個國。若是它只有兩個國；或和或戰。戰的結果強勝弱敗而已，沒什麼趣味。只因它有三國，那第三國舉足輕重，可以左右強弱。而連帶產生，誰是第三國，誰是第一、二國的問題。這時候兵戰變成外交戰、外交戰變成心理戰、心理戰變成宣傳戰，情景就熱鬧了。

回到恩愛夫婦的問題上來。「恩愛」只是一句話，沒有第三者的考驗怎知恩愛到什麼程度。第三者其實也是測試，甚至開發恩愛的動力。

孟子曰：「入則無法家拂士，出則無敵國外患者，國恆亡。」我們可以套成另一句話：「入則無恩愛的趣味，出則無第三者者，情恆絕。」

有一個或幾個第三者常常在那裡晃來晃去，這時候看看恩愛的夫婦和敵對的同事，是兄弟鬩牆，或共禦外侮，還是有其他絕招，想想都是很有趣的事。一人為單，兩人為偶，三人為眾。三個和尚沒水喝，沒水喝才有故事哪。

躺在海灘上

佛曰「無我」，道曰「虛心」，儒曰「不惑」。境界高深，常人可望而不可及。即使理論森嚴，道理井然，但此等事，似非在文字上讀經究研就能通達岸崖。仰之彌高，多數人亦只能望洋興嘆。

但有一種經驗，是很多人都經歷過的。那就是來到海濱，在沙灘上躺了下去，仰臥舒氣，伸展四肢，委頓於地，眼雖睜而眼前茫茫一片，此時也，眼不視、力不使、神不守、情已忘，溶入天地，和光同塵，應該是忘我了。

人站著，就能爭鬥，坐著就能思考，當一個人躺下去的時候，他在心情上已放棄爭鬥，不想做事、不想應酬、不想說話，放棄思考、放棄思想、放棄講理、放棄感覺、放棄想念……。人放棄感覺則無我，放棄想念則虛心，放棄思考則不惑。這些，你用心良苦，努力再三，思慮多年而不得，如今，不用心、不努力、不思慮，躺下去就做到了。

我們看兩隻狗爭鬥，雙方都以後足人立，頭愈挺愈高，各想以居高臨下之勢，從上面壓制對方，有時打得遍體鱗傷。但若有一方，自忖不敵，把頭一低，爭鬥即告結束。狗並無人的思維，但直覺地覺得對方低頭，是不打了，也就不打了。這是本能。本能是大自然賦與萬物的生存智慧。

人站著，是最累的姿勢。那是頂天立地、當仁不讓的姿態；巍然卓立，有以示威的姿態，或至少是準備有所作為的姿態。人站著，可以做事、可以走路、可以自衛、可以打人、可以作秀、可以說話、可以演講得口沫橫飛、可以表演得淋漓盡致。在進化史上，人（或猿）從四足走路變成兩足直立，為的就是要站起來威壓敵人、操縱世界——但最後也難免被世界操縱。所以人站著雖然累，大多數人，樂此不疲。

人坐著，是很操心的姿勢。不論是正襟危坐，讀聖賢書，或是羽扇綸巾，運籌帷幄；或是鉤心鬥角，滿腦子升官發財；或是坐辦公桌等因奉此，總之，是極勞心、煩心、費神、傷神的事情。

此時，若能走到海邊——一定不可在家中床上，以免旁有嬌妻、上有錦被，耳中聞到汽車聲，心中想著如何應付明日開會——在海天一色，空曠不著邊際的沙灘上，你若能把自己「放」了，頹然倒在沙灘上；在天地風聲的包裹中，失去一切，不知不覺，這就是無我，虛心，不惑了。到了這地方，你連「無我」這等辭彙都忘了，才叫忘情。

這次第怎捨得遺忘

約瑟・霍夫曼很鎮定地走進演奏會場，端端正正地坐到鋼琴前面，管弦樂團所有團員都屏住呼吸，等待著配合第一個鋼琴音就要開始伴奏。突然，霍夫曼傾身向最前排的女聽眾說：「請把你的節目單給我看一看。我忘了第一首該演奏什麼。」演奏會場全場譁然。但霍夫曼看了節目單後，氣定神閒地舉手擊落鍵盤，演奏會若無其事地開始。

這是一九七〇年代，在歐洲某演奏會中真正發生的事情。由亨利・吐明卡記錄在《面對音樂》一書中。

在理論上，像霍夫曼這樣的藝術家無需記得他要演奏什麼曲子。他只要在被提醒的時候能把那曲子演奏得近乎完美就可以了。他的才華在演奏曲子，而不在記得哪首曲子。顯然，他自己明白自己該記什麼，可不記什麼，所以能那樣不慌張，不緊張，從容看節目單而演奏。每種人應該記得，和應該遺忘的事情，因人而異。人會記得什麼、會忘記什麼，也使這人變成什麼樣的人。

古代的中國，也有類似的故事，《淮南子．道應訓》中有一個這樣的故事，秦穆公因伯樂的推薦而派一個名叫九方皐的人出去找好馬。過了很久，九方皐回來說看到了一匹好馬。於是秦穆公率將士跟隨九方皐上山捕好馬。秦穆公問九方皐所看到的馬是什麼顏色，答曰黃色。問牡牝，曰母馬。結果捕到的卻是一匹黑色公馬。穆公大怒，認為九方皐連馬的顏色牡牝都記不清怎能說知馬？但伯樂說：他只用心看馬隻好不好，顏色公母等普通的事情，無需記得。穆公聞言，也接受了伯樂的見解……云云。

這樣的故事，讓人覺得，一個人記得什麼，不記得什麼，好像是可以選擇的。而且選擇之間，是有價值觀的影響。讀書人及學者，常常能記得十年前讀過的書，或一套極為複雜的程式，卻不記得簡單的生活瑣事，可能是潛意識中有這種選擇吧。

人們通常以為記不得事情，是記性好不好的問題。事實上可能不盡然。有人讀書，能過目成誦。有人讀一百遍也不記得，可能與此書給他的感受的強度有關。你讀了一段書，擊節叫好，或於我心有戚戚焉，自然印象深刻，而永遠記得。你毫無感覺，自然過目即忘。所以很多事物會被遺忘，皆因那事物本來不值得記憶，也不具備令人記憶的特性。

人因記憶而快樂的事情固然也有。但因記憶而不幸的事例可能更多。故心理學家們總認為遺忘的能力，是自然賦與人類的很好的自衛術。人若無遺忘的能力，一生累積下來的不幸的記憶將使他無法生存下去。

《列子·周穆王》中有一個故事：從前宋國有一人名叫華子，患了嚴重的記憶喪失症。嚴重到在路上會忘記走路，在房內會忘記坐下。其家人於是請來了一個人為他治療。一治之下，果然好了。家人大喜準備大大慶祝一番，卻到處找不到華子。最後在豬舍旁邊找到了正患憂鬱症的華子。華子表示從前什麼也不記得，優游自在。如今什麼都記起來了煩惱很多。他要求治療的醫生把他再度治回原來沒記憶的狀態……

話雖如此，人世間有智慧希望遺忘的人少，有豁達能遺忘的人更少。大多數人抱著甜蜜的回憶，陶醉在快樂之中；也抱著痛苦的回憶，沉湎於自虐的悲情之中。畢竟，許多事情，一經遺忘，玉石俱焚，人又哪能那麼捨得，那麼想得開？

「心機」今昔

「有心機」，一向不是好話，說一個人有心機，一般的解讀是那個人很陰險、世故、居心叵測的意思。

然而，心機，亦作機心，是從機械衍生出來的辭彙。本來並不一定有好或壞的意思。機心可以是思慮事情的一種曲折周章。有些思考，是需要這樣的周章，才能周延的。

莊子〈天地〉篇中有一老丈每日抱一個大甕，沿著一條下降到井水的小徑走下去汲水出來灌菜圃，子貢經過，建議老丈使用機械（槓桿的原理）去汲水，既省力又快速。老丈說這種機械他早就知道，但他不用，因為「有機械者必有機事，有機事者必有機心，機心存於胸中，則純白不備……吾非不知，羞而不為也」。

莊子是主張反璞歸真的人，自然反對機心。但回顧人類的生存史，人是靠著機心存活下來的。在洪荒時代，人類的人口遠少於各種鳥獸昆蟲。人類的生存是岌岌可危的。人類的自衛及攻擊能力遠遜於虎獅蛇蠍猛禽，其繁殖能力亦遠遜於老鼠、魚類、昆蟲等。譬如魚類，一次能生下上千上萬粒的卵，孵出百千條小魚，即使百分之九十九都被大魚吃掉，剩下百分之一，仍可傳宗接代，維持種族的存在。人類缺乏上述諸般能力，所以人口時多時少，嚴重時瀕臨絕滅。但後來人發明工具機器，以武器防身，以刀弓捕食，以機心築屋，謀生計，漸漸得以繁衍人口，在自然界裡漸漸取得生存的優勢。說來機械和機心，在開始的時候都是用來自衛、禦鳥獸、蛇蠍、謀食、築屋的。

但人類太聰明了，機械和機心都快速成長，人很快掌握控制了生存優勢，不怕猛獸蛇蠍了。相對地，人口增加，威脅人的生存的不再是禽獸，卻是其他的人類族群，或另外的個人。於是機械與機心便用來應付、對付或打擊另外族群或個人。於是有精良武器、有戰艦、大砲、原子彈……。

在一個族群裡，不便使用武器，於是在辦公室裡、大家庭裡、政治圈裡、商圈裡，有人的地方，人便用機心或心機，對付別人、打擊別人、陷害別人，以求勝出。想來莊子反對機心的時候，人類已經是使用機心在互相殺伐了。

到今日為止，人類最大的錯誤是未能使用全副機心，來維護地球、淨化空氣、綏靖政治，共謀全人類的福祉，卻在有你無我、我贏你輸的邏輯中，惡用機心。

忘掉一半的「我」

人要達到「忘我」之境，談何容易，窮老莊之學、讀佛經三十萬卷，再攻道藏金匱之言，讀到皓髮龍鍾之年，未必能成。若無傾悟之機，大概終生不得。

但是，把要求放寬一點，半忘半不忘，有些事想開，有些事不想開，中人之才，想透一些事理，也可做到。做到了，也一樣可開拓人生的境界，脫卻無謂之煩惱。

譬如，人可以普普通通地忘掉的也很多。像是不是臺灣人，還是外省人，老記著有什麼用處？你父親種田做農人，你未必就做農人。你父親是哪裡人，你也聽聽就算了，你又不是選議員，老記著這事、說這事，不是很多餘嗎？人應以天地為居所，四海為籍貫，讀古今聖哲之書，成中外皆通之人，什麼臺灣人不臺灣人！

還有人老記得自己是什麼大學畢業、唸什麼系的。曾屢次聽到一位中文系教授說：「我們中文系的……。」頗不以為然。中文系裡所讀的書，並非中文系才能讀。中文系出身的人，也不可只讀中文系的書。如此畫地自限，何以為學者？何以為「通儒」？

更有一種人，念念不能忘自己是部長、立委、縣長、教授、博士、專家、科長、部長夫人、董事長夫人。所以說話總帶官腔，身段總是放不下來，把自己困在一種無法輕鬆的狀態裡。有人說叫化子最自由，這是一聲棒喝，然而叫化子若念念不能忘自己是叫化子，故意打諢耍賴，也何嘗自由。

也有人總記得自己是女人，抱怨受男人欺負，遭到性別歧視、受到性騷擾、有無窮的委屈……。可憐這種人一生都在做女人，而忘了做人，一生註定要歧視自己是女人。

相反地有人頗有美女意識。走到哪裡，都覺得周圍都在注視她、眾人都在崇拜她，於是說話端著架子，行止故作矜持，常常生活在這自我設定的架子裡，一事無成。

忘不了自己是誰、是什麼身分、什麼地位、是什麼，不但拘束了自己、困住了自己，也老想以此框架拘束別人。譬如因記得自己是大官，便覺得任何人都該對他恭順、逢迎、唯唯諾諾。一見對方竟不賣賬，立刻就翻臉失態。

人秉性命於天地，讀書做事，生活得適情順意即為美滿人生。要達到境界，無需修禪、無需苦思、無需讀哲學史、無需到廟裡聽「法師」說教、無需做禮拜。以平常之心，忘掉一些多餘的事情即可。對人生只要記得愛吃什麼、愛看什麼、愛去哪裡就可以了。大約一半以上的「事」皆可忘掉。

一生一世一死

曾讀《史記・老子列傳》，說老子至函谷關，為關令尹「著書上下篇，言道德之意，五千餘言而去，莫知其所終」。

「莫知其所終」五個字長久縈繞心中，再三咀嚼，深感像老子那樣「無死地」（善養生不會橫死）的人，「莫知其所終」是很合乎他洸洋自恣的風格的「終」。大約人世間再沒有比莫知所終更浪漫的死法了。

相傳李白醉後，為撈江中之月，沒水而亡。這個死法，淒清冷澈，亦符合「獨酌無相親，舉杯邀明月」的人的形象。如果這個傳說並非事實，其所以有此傳說，大約是出自讀詩人希望李白這樣死去的願望吧。

我們看古今中外，聖賢豪傑之死，皆與其人格風操相彷彿。真是什麼樣的人，就有什麼樣的死。譬如蘇格拉底，為貫徹其生死的論辯，從容就義。屈原在汨羅江，投身沉水，以明其忠貞。文天祥以一死保全其正氣……。他們都在死的選擇上，寄託了自己一生的理念，體現了自己的風格。

對於這些人而言，死也可能是生平最痛快、最合自己的意思的選擇。因為人活著通常是不自由的。儘管心中有千般想做的事情，卻不見得能施展多少抱負，也許有人牽制他，也許無人相信他，也許情勢比人強。孔子、孟子，半生周遊列國，論仁政、言王道、說仁義、倡禮樂，有多少人理會他們？其他，忠臣、義士、哲人、詩客，一生困厄的也太多了。其一生遭遇，決非他們所情願。只有在臨死時，他們豁出去了看開一切，孤注一擲，選擇自己要如何死。這個選擇或許是他們一生一世唯一能照自己的意思發揮的選擇。錯過這次，就齎志以歿了。一生潦倒，半事無成，情何以堪！

因此，死，是頭一次，也是最後一次的機會。可以痛痛快快選擇自己認同、喜歡的方式去死。專制時代，有人臨死前痛罵上司或皇帝，有人做一件驚天動地的好事或壞事，反正就是一死，還顧慮什麼！這個時候真性情才顯出來。

人要顯出真性情，常常是很難的。他必須跳出得失、利弊、人情、世故，及諸般事情考量之外，才能如此孤注一擲。也正因此，人怎麼死，就見出他是什麼樣的人。死，也常常成為一生一世最真實、最痛快、最自我、最澄澈的剎那。

老子出函谷關，心情如何，我們不知。但千載以下，讀其書，跡其心，其臨死也，想必腳印落在沙漠上，走向無始無終。

今日的函谷關，周圍嘈雜，景象已與老子走出去的時代相差很遠了。我們認為為了尊敬老子，這地方應該還原其蕭索的景觀，不要去建設成什麼「觀光地」。

有無之間

儒家勸人終生志於學，以求心中有仁、行為有禮、做人有義、待人以恕。道家則勸人去私、無為、不言、不居、不有。這兩種學說都是影響東方文化數千年的精闢學說。前者主張有德，後者主張無為。

有與無，看似兩極，深思之，實是一體，只是語言上以相異之意念表達而已。譬如有人有驕傲，就是無謙虛。無財富，就是有貧窮。很多事，可以換一個說法而意義相同。

然而，世上畢竟有些事，不能以語言的技巧，而影響其有無之實質。更重要的，有與無，常常是意態的問題，而意態是一種心理傾向，超越實質。譬如有人自詡有錢，好像以財富驕人。但更有人自詡無錢，卻是以清高驕人。其中奧妙，難以言喻。

在古今中外的哲學中，以虛無為主張者絕無僅有。印度有哲學家奧修(Osho)，畢生研究莊子的思想，寫了一本書《空船》。奧修說，如果有人划船，對面來了另一條船，撞上了他的船。

但對面來的船上沒有人，是空船。那麼划船的人就不會生氣，因為對「無」是無法生氣的。莊子的學說一直想教人如何變成「無人」，以解決所有的糾紛——道德的和心靈的。這是對莊子思想的一種很深入的詮釋。奧修似乎也很能了解「無」的境界及「無」的用處。我們身為誕生莊子這樣的哲人的民族的一分子，對於「無」的體會可能尚太淺薄了。但「無」的功能在我們的心靈及社會上一直是存在的。

舉一個最淺顯的例子：我們一向希望有學識的人也能很謙虛。但這樣的人畢竟太少了。如果，這裡有一個有學識、但很自負的人，另外又有一個沒有學識但很謙虛的人，這兩個人，人們會比較喜歡哪一個呢？不用說，比較喜歡後者。前者是學識與自負都有的人，而後者是學識與自負都沒有的人。在這個例子上，人們寧願喜歡一個什麼都沒有的人。這個喜歡，是直覺的喜歡，不透過思維、不透過邏輯。至於實質上哪一個人對社會比較有用，並非問題的重點。從這種人性的機微處，乃誕生無的哲學，從空虛的諦觀出發，最後至於否認仁義禮節的功能。

有的哲學，是一種建設人生與社會的哲學。但必須有聖人之心、賢者之識，才能運用自如。對於不聖不賢的芸芸眾生，及沉溺在功名利祿的政客市儈，無的哲學，可能會是一種救贖。中國擁有「有」及「無」的兩種哲學，但大多數的人兩者皆不獲用，所以食肉者鄙而黎民塗炭，也是「哲學的無能」吧。

內觀的能力

人的氣質之高低，應以什麼原則來評斷，是相當複雜的價值哲學問題。若以孔子「吾日三省吾身……」的原則而論，那麼反省的能力，即為氣質高低之重要準繩。反省，亦即「內觀」。有深度的藝術家或作家通常有此能力。這種藝術家或作家，每有作品問世，也常常博得大眾的讚美和佳評。但創作者在享受了大眾的讚美及評論者的推崇之後，卻往往心中若有憾焉。因為他自己比誰都清楚，受到讚美的作品，其實有許多缺點及不足，這只有自己知道。因此受到褒獎時，總有「聲聞過情，君子恥之」的慚愧。一個作者能在殫精竭慮，嘔心瀝血創作了作品之後，仍保有深沉的智慧，發現自己的作品之不足，這種內觀能力，在心理學上稱為「無盡的內觀」(profound introversion)。這種人應稱為真正傑出的人類，屬於第一級人品。

第二級的人是只要大家都說好，他就認為自己夠好。一般人，凡夫俗子屬於這一類。這類人，缺乏透澈的內觀，容易肯定自己。因為心理上本來傾向於自滿，既有大家的認可，那就順水推舟，不必自尋苦惱。但這種人還在乎大眾的評價，所以通常會沿著通俗的價值觀去行為。其為人，缺乏心靈的深度，但對社會不大有什麼害處。

第三級的人，屬於自以為是型。不但缺乏自省的能力，也缺乏反省的誠意。大家都說他不好，他卻強詞奪理，一意孤行。這種人若加上顛倒是非，矯飾虛偽的能力，即可能成為禍國殃民的政客。即使做個小職員，放在一個機關內，都常常成事不足，敗事有餘，交不到朋友，到處製造問題。

中國文化自古以「內聖外王」為一個人終生努力的目標。何謂「內聖」？內聖是一種自我磨鍊及精進。精進到內觀自己而敏銳地辨別、覺察自己的性情及才識中有哪些美好及瑕疵，有哪些善良及惡質，有哪些完備及不足，而自我警惕、而自我防患的心態。內聖是一種理想，其達成的方法是內觀。一個作者寫一本小說，草稿既成，一讀再讀，再思三思，想來想去，思惟自己想寫什麼，為何這麼寫，為何寫成這樣，還能寫成什麼？這些心理過程，就是內觀。

人最可貴的能力就是內觀的能力，人最怕的狀態就是缺乏反省。普天之下，上自國計民生，小至芝麻小事，皆受不反省的獨裁者、貪官、墨吏，及無知的頑民所戕害。而今日的臺灣，應引以為鑑。

伊麗莎白一世是男人？

由於考古與考史的技術不斷地進步，人們對於歷史記載的真偽，愈來愈有窮追不捨及大膽假設的傾向。二月河為雍正皇帝作翻案文章，把雍正寫成一位勤政愛民的工作狂，風靡華人世界。而公元二〇〇〇年六月十九日英國的《每日快報》(*Daily Express*) 也透露一個消息，有一位克莉絲托華・泰妮夫人最近在電視上公開發表其研究英國十六世紀女王伊麗莎白一世為一男子冒充的考證。這篇翻案文章，說來頭頭是道，也頗引人注目。泰妮女士自十九歲起研究這樁歷史公案，迄今有四十年的歲月。根據泰妮夫人 (Lady Christopher Thymne) 的說法，當年伊麗莎白尚是童年公主時，住在比斯利村落 (Bisley Village) 的一處叫 “Over Court” 的地方。這位小公主於九歲時染病死了。而死亡的翌日正是小公主的父王亨利八世要來探訪公主的日子。周圍的人不敢對脾氣暴躁的國王報告公主已死，就在夜間從比斯利村找來了一個面貌有些像公主的男孩，把他打扮成公主，謁見父王，順利過關。從此這個 “Bisley boy” (比斯利男孩) 就一直冒充公主，並當上了女王，直至一六〇三年「女王」死亡為止，在位四十五年。

女王為男子所冒充的傳說過去就有，但到了十九世紀末不再「流傳」，此次由於泰妮夫人的研究而重新成為話題。

泰妮夫人認為「童貞女王」(Virgin Queen) 係男子冒充，有一些根據：第一，女王終生未嫁，也未生孩子，有幾樁她和宮內大臣如萊傑斯特 (Leicester of Essex) 及外國大使等的戀情，都只是傳聞而已，也無發生性關係的證據。第二，女王臨死前再三叮嚀死後不可查驗身體或病因。第三，有一位著名的牧師湯瑪斯・凱布 (Thomas Keble) 曾於一八七〇年發現一具石棺，裡面有大約九歲的女孩的骷髏，殘留的衣服似乎為圖鐸王朝 (Tudor) 貴族之衣服。牧師臨死前將此事告訴家人，並說為了保護骷髏的安全，他已將之換棺改葬於別處。這位牧師的孫女瑪麗，目前尚在人世，證言祖父從不開玩笑，不說誑語，因此她相信這件事是真的。

目前泰妮夫人的搜索和研究，由探索 (Discovery) 頻道資助。並預定於今年九月在克羅齊斯特郡 (Gloucestershire) 開始播出「比斯利男孩」的故事。節目由獨立製片約翰亞當製作。約翰亞當說：這故事無法證實其為真的，但這樣的傳說實在很迷人、很震撼。

如此這般，歷史經許多人從各方面去質疑研究，是很有趣味的事情。它是文學、是歷史，也是科學。

有身分才能謙虛

中國人是很會謙讓的民族。最常見的謙虛發生在吃飯的場合。一張圓桌，十幾個人讓來讓去，誰也不肯坐「上位」。於是拉拉扯扯，甚至用力推拉，斯文掃地矣。

此事其實十分簡單，主人叫誰坐哪裡，誰就坐哪裡，不是符合客隨主便的原則？但有那種世故的主人，只叫兩個主客坐上位，其餘放任客人們去自行調整，以免得罪任何人，也算是老謀深算，鄉愿之極了。

犬儒之徒，常常譏刺：那是因為十二個人，一定有十二個座位，所以樂得讓來讓去，以示謙虛。若是十二個人，而只有十一個座位，看看還謙讓不謙讓。這話未免太小看中國人了。須知坐上席位，所得不過一頓酒菜而已，一般的中國人，在熟人之間，這分謙讓還是裝做得下去的。昔日齊國的晏嬰以兩枚桃子讓三個壯士相爭而死，這三個人，不知謙讓之道，實在愧為中國人。

但話雖如此，如果席位不只是吃一餐酒菜的位子而是一個職位、官位，情形會大大不一樣。

災難電影如《火燒摩天樓》，以大樓火燒等題材，尖銳刻劃雲梯救人之際，早走即生，遲走則死時人們爭先恐後的醜惡面，入木三分。

但人之任何美德，皆有其極限。在生死關頭，人們不再謙讓，應屬人情之常，不可以用來譏刺人們謙讓終無價值。

終極地，謙讓對人的社會的和諧是有幫助的，不論是真的謙讓或假意做作。至於吃飯前的讓位，至少使一席酒宴，雖然以鬧酒終，卻總是以禮讓始。而且，仔細觀察那讓位的場面，可發現的人情世故還真不少。譬如那謙讓的動作最大、聲音最高的人，常常是最不謙虛，也自知自己的身分不需謙讓的人。場面裡最無身分的人，總是側立一旁，靜待有「資格」謙讓的人讓來讓去都落坐了，這才悄悄往剩下的位子上移動、坐下。乃知讓位，是讓有身分的人用來故示謙虛的。至於無身分的人，謙虛不謙虛，本來也不重要。身分卑微的人，本來也是不夠資格謙讓的。因為你如果表示要敬陪末席，方以為自己很謙讓了，人們可能或覺得你本來就是該敬陪末席，有什麼好說的。

不論是周公吐哺握髮以迎賢者的謙恭，或王莽禮賢下士的恭敬，其謙讓能令人印象深刻，到處傳聞，可見當日其權勢之大，身分之高，已經不得了了。若是普通一個官員謙讓，誰在乎？話說回來位高權重之時，正是謙讓的好時機。願得意政客稍留意之。

服從最輕鬆

我們通常說：服從是一種紀律。但以紀律來強制人服從，已落下策，不但民主時代行不通，也破壞了服從這件事的利益。

在一個家庭裡，若先生事事服從太太的指示或吩咐，凡事就照太太的吩咐去做，對先生而言，是很省事、省心、不費神的事情。因為他可以把所有思考的事情，設計的事情，複雜的人事，煩心的預算，全交由太太去操心，他只要聽一個命令就做一個動作。這，是多麼輕鬆愉快的生活，連帶兒女們也都服從媽媽的指示，這家庭就井然有序、安樂和融了。問題在你必須找到一個所發指示都中肯周詳的女子來做太太，這，是第一難題。

一個國家也是如此，我們常常說獨裁的體制是效率最高的體制，因為一人發令，萬人服從，全體動員，連山都可以移動，海都可以填平。而所有的人，都服從命令做事，力量一點都不浪費，當然效率很高。

問題就在要找一個，至公無私，智慧很高，有王者氣度的人來做這個發命令的人。這個人找對了，就會出現大同世界。這個人找錯了，就會出現民不聊生的世界。人類經過了漫長的封建及專制的年代，最近把這個找發命令的人的工作丟給了選民，稱這制度叫做民主制度。民主制度實行了也有相當時間了，一直並沒有令人放心。人民一方面選出發命令的人，另一方面不大放心發命令的人的用心與能力，於是又選出監督發命令的人，叫做民意代表，來掣肘發命令的人。然後又不放心民意代表，而成立各派政黨以互相抵制。最後還是常常不滿意命令的品質而示威遊行，在媒體上叫鬧，以表示抗議，表示不能服從命令。於是民主制度，常常變成很無效率的制度。

宗教信徒找到了神佛為最高領導人，無條件服從神佛的指示及命令，在某一方面解決了很多事情。但神佛常常只有崇高的理想與原則性教誨，在現實生活中很少下達命令，所以沒有可服從的命令，也常令信徒徬徨無依。

人類的社會愈來愈複雜，人事、社會結構、經濟運作之繁複，使人類不得不尋找更單純的方法來運作繁複的社會。由可靠的人發命令，而由眾人服從做事，可能是很可行，最輕鬆，也最有效率的方法，可惜，人愈需要可靠的領導人愈不易找到可靠的人，這似乎是今日世界最大的困擾。有人說人類也許會從製造完美的電腦著手，再由完美的電腦選出可靠的領導人，發布眾人能心悅誠服的命令。於是全人類便可輕鬆服從命令過日子。果然？果不其然？

虛榮終歸虛

今日的社會，大概有很多人，經常為了應邀赴宴，匆忙趕路，趕得焦頭爛額。但也有剛剛相反的事情。

曾經應邀赴宴。六點半的約會，我六點二十分就到了。正想走進餐廳，突然背後有人叫我。回頭一看，是老朋友，他也是來赴餐約的。我說：「你也來了，為什麼不進去？」他說：「還有十分鐘呢！在外面徘徊一下，不要太早進去，讓人覺得我們好像三百年沒吃過飯，急急忙忙的提早來赴會。」

「是他邀我們的。我們三百年吃沒吃過飯，不關別人的事，為何要在外頭徘徊忍受酷熱？」我說。但他搖頭表示不願現在進去，我只好自己進去。

這事，原來人各有志，但總覺得如此顧全面子，也太累了。提早十分鐘到真是那麼「難看」的事情嗎？怪不得總有一大堆遲到的人，原來他們為的是要表示他們三百年來天天都有飯吃。

但天天有飯吃，能代表什麼榮耀呢？

根據心理學的分析，人為了使人看得起，或為了不讓人看不起，其一生所費的精神精力難以估計，其一生所擺出來的各種做作姿勢也一言難盡。

從前有一個同事，每次書店到辦公室來推銷書籍，他一口氣訂購二、三十本書。然後大聲問我：「你買了幾本？啊，什麼？只買一本？我買了二十多本哪！」

而我知道這個人是不看書的。他若是看書的人，就不會說話如此大聲做作。但他不惜花很多錢買書，讓同事看到他買了書。他不知，書，不是買給人看的，是買給自己看的。書，必須收到肚子裡才有用。我不禁替他擔心，那些書，帶回家去，不知要放在什麼地方？

人裝模作樣，都有些原因或目的。像政客裝模作樣，為的是贏得選票，商人陪笑臉為的是賺錢。雖然很市儈，但為利益而做作，似亦人情之常。可鄙之外，亦見出其小聰明處。但只為了不著邊際的虛榮而徘徊飯館之外，或購買些無用之書，則顯得極為愚蠢、可笑，特別令人不舒服。原因是所為甚小而所行甚偏，顯出心態的扭曲。這種事情，做到很極端的時候，會接近欺騙或詐欺，人格就會破產，必須見微知著，自己節制自己。

《孟子》中享「齊人之福」的齊人，到墳場去乞祭餘之食，回來後驕其妻妾說天天應酬有酒食，其乞食可恕，但虛榮得走火入魔了。

花錢最省事

從日曆上看，一年有許多節日，而節日總是消費的旺季，而且消費的樣式也在商人的領導下愈來愈規格化了。譬如情人節，各大飯店會推出「情人節大餐」，於是一對對情侶及夫婦相偕到飯店吃一頓未必靈光的飯，花了比平日高出一倍的價錢，很滿足的回家，覺得已經慶祝過情人節，對情侶或妻子已有交代，也表示過「誠意」了。

母親節也是如此，子女相偕，把一年三百多天很少見面的媽媽請出來，吃一頓大餐，然後把媽媽送回家，說聲「母親節快樂」，往後三百多天，就安心過他們的生活，不必常常回來探望或承歡膝下。大餐吃過，昂貴的錢也花了，母親感激，兒女安心，誰曰不宜？

本來，人平日拚命賺錢，遇到需要表示誠意或孝心的場合，花一筆錢，很有效率地解決，這是很合理的事情。世上還有連這筆錢都捨不得花的無情人與不孝子，花錢豈非也是一種心意的表達？人之所以要努力賺錢，就是因為錢可以表達誠心，可以合理解決很多事情，而且又是諸多表意中最省事的方法。

試問,你如果母親節不請母親上館子吃一頓,你能如何?譬如送一件禮物,這禮物很難選,上百貨店也要找半天未必找到適當的禮物哪!譬如兒女相約上菜市場買菜,一起帶往母親家,兒女下廚,做一席可口的菜,與母親共享天倫之樂也很好吧?但這要花一整天的時間,且兒女媳婦有沒有能耐,或耐煩下廚做菜,也是很難說的啊!又譬如兒女商議,請媽媽到一個風光明媚的地方,消磨半日或數日……當然這必須是很有閒的人才做得到了!

其實,我們想像做媽媽的心情,她最渴望什麼呢?也許,她渴望有那麼一段時間,像兒女都尚未婚嫁的時候那樣,全部在家,你一言我一語,說笑談天,無話不說,除了自家人外,沒有別人,不像大飯館那樣人來人往,陌生人就坐在鄰桌,很難說句悄悄話或感慨的話……。就這樣即使是買些現成的餃子下鍋或隨便吃些零食,兒女們在她面前嬉戲笑謔,甚至像兒時那樣搶東西吃……這情景,可能是她最懷念的。

但美好的昔日已經過去,如今兒女皆已成人,有的做教授,有的做律師,有的成為企業家。他們,穿得體體面面,在大飯店吃飯,讓老娘也與有榮焉。只是這飯店場面,與老娘心中的記憶,頗有差距,總不貼心,那感覺好像一種幻覺,被大飯店的豪華吸了進去!消失於無形……。這次第,豈是省事的兒女所能了解?

混

中國字有許多很傳神的字。「混」字便是其中之一。譬如朋友相逢，見對方西裝筆挺、神氣活現，不免調侃：「呀，老兄神采奕奕，滿面紅光，好像混得不錯嗎？」

這個「混」字，在曖昧模糊之中，有一種透澈的含意，裡面有適當的奚落，某程度的揶揄，以及對功成名就者的不信任。因為，大家都是「混」的，你滿面紅光，只是「混」得好而已。說得難聽些，有如大家都是做小偷的，我沒得手，而你得手了，富有了。我羨慕你，可並不服氣你……。

辭典裡說：「攙和夾雜曰混。」這裡面可以有兩個解釋：一是混水摸魚，二是同流合污。而這兩者通常是相互為用的。中國人也一向能將兩者配合運用，兩分努力，三分技巧，加上五分厚臉，可以做到飽暖、保家，有時還能出人頭地。

做點小生意，早起晚睡，挑擔載重，大聲叫賣的努力，加上逃稅、走私、賣假貨，謂之混生活。讀一點書，也是早起晚睡，加上猜題、作弊、巴結老師等技巧，謂之混文憑。競選民意代表，努力討好鄰里，為地方做事，加上打口水戰、吹牛、欺騙、設樁腳買票，謂之混政治。永遠是合法的事情，套上非法的手段。冠冕堂皇的題目，掩蓋見不得人的作為，正大光明的門面，靠不大光明的方法撐起，一半本領，一半作假……。兩者混合，所以叫「混」。

在「水太清則無魚」的人生觀下，混水摸魚是當然的邏輯。混水，適合魚居住，也適合人生存，發財、升官。所以中國人懂得如何將清水攪混，再混水摸魚。這種實例，到今日猶隨處可見，不乏例證。

老子說：「含光混世貴無名。」聽來好像境界高遠，非常人能及。但混字被引申成混水摸魚，大概也非老子始料所及吧。

「混」是純粹的中國字，所以不大可能翻成外國語。萬一有人翻成了，外國人看了一定搖頭，說這做法，不夠光明、不夠誠實、不夠道德。

但中國人知道，混生活，講究不起光明、誠實。正因不光明誠實，才有彈性和韌性。中國人靠這種韌性已活了幾千年了。五千年的中國史，可謂是混的歷史。

混，實在是很艱難的藝術。光風霽月如伯夷、叔齊者不能做，擇善固執如孔子者不能做。邏輯森嚴如商鞅、韓非者不能做。舉凡忠貞、光明、誠實、潔癖、瀟灑、斯文、善良、無知、愚昧、笨拙、不學、無術、暴戾、兇惡之人皆不能做。而現代人常優為之，其能耐也很驚人了。

說話與聽話

人最喜歡做的事情是說話。最不喜歡做的事情是聽人說話。人喜歡說話，有許多原因：第一，說話是最簡便，也是最有效的情緒發洩。人活著，常有許多委屈或抱怨，對配偶不滿，受父母兄弟的氣，挨上司的官腔，看同事不順眼，乃至對社會、交通、風俗及政府有諸多不滿，找一個人或一群人，發發牢騷，罵罵人，雖無濟於事，有助於發洩。發洩是人的基本需要，因此說話是人不可缺乏的行為，發牢騷是明知而只好故犯的惡形惡狀。

第二，說話是炫耀的最直接的方式。有人升官發財，不說出來怕人不知道。有人滿腹經綸，必須侃侃而談才能誇示其學貫古今，識兼中外。即使是只知如何鑑別酒之醇不醇這種雕蟲小技，若不說出來，人家怎知他身懷絕技？乃至到華府參觀白宮時曾與美國總統握手寒暄，主持電視節目每日接到觀眾來信堆積如山，如此光祖耀宗的事情若不說出來讓親友周知，晚上怎麼睡得著覺呢？大凡人愈是卑微，其大聲傳播其得意成就的需要愈迫切。因為如果不傳播，誰知道社會陰暗角落裡還有你這一號人。是以說話炫耀，也是極急迫的需要。

第三，說話是和別人建立關係的直接管道。建立的關係雖未必是良好關係，有時說話說差了也可能斷絕關係，但茫然樂觀的人總是以為只要和人說話就能建立關係。小至推銷一瓶「直銷」化粧品，大至追女友，巴結上司，皆從說話開始，不說話會一事無成。至於有人也可能因說話而一敗塗地，則屬意外事件。何況，人不說話，實在寂寞。雖然哲人尼采說寂寞是萬人的宿命，但我輩非哲人，寧可一敗塗地，怎能接受這樣的宿命？

說話有許多目的及效益。反過來說，聽人說話似乎毫無好處。聽人說話，發牢騷、炫耀，其實是很無趣、很辛苦的事情。巴爾札克描寫巴黎社交界的集會：「人人都在說話，無人聽人說話……。」真是一針見血。事實上沒有人有什麼義務聽人說話。那耐心聽人說話的人都是出於善心或好意為對方服務。聽上司訓話、致辭，則是一種無奈。大體說來，聽人說話，是對說話者的一種恩惠，服務，或體貼。你若靜靜聽一個人講一個小時的話，那說話者應該會終生不能忘記你。他若忘了你，這人就根本不配說話。雖然你可能希望他忘了你，別再找你說話。

另一方面，說話的人必須敏銳到能明白聽人說話的辛苦，才能上進，上進到說出來的話能有一點趣味。

浪漫何價？

浪漫（Romance）這個名詞及轉化的形容詞，在東方及西方，都愈說愈離開原義了。"Romance"的原義是以羅馬話寫成的故事。而這種故事在當時多寫騎士與貴婦的涉險，這涉險多半是不常見、不尋常，而天馬行空的。故浪漫實有不尋常而奇想天外的意思。

回想文學上的浪漫主義（Romanticism）是反彈拘謹的古典主義而誕生的。而後來的寫實主義又反彈天馬行空不切實際的浪漫主義而誕生。

今日，若有一對男女，由相識而相戀，花前月下、甜言蜜語，人們就說：那兩個人好浪漫啊！這可能非浪漫一詞的原義。男女由相逢而相戀而戀愛、而甜言蜜語，而上床、而結婚，原是很普通、很尋常、很常見的事情，哪有什麼浪漫可言？

相反地，若一對男女，由相識而意氣投合，而常常談天說地、一起讀書、一起議論，甚至一起做事、一起追求某些理念，或一起革命造反，卻不談戀愛、不甜言蜜語、也不上床不結婚，這對男女可謂非常浪漫了！

撇開男女關係不談，世上有人為作一首交響樂而不眠不休，為追尋一個真理，發現一個元素，發明一個學說，實踐一種理念，而窮畢生之力，無怨無悔，全力以赴，這種人可謂真浪漫。浪漫的人在艱苦中有喜悅，但浪漫的代價是很高的。

有人為了浪漫情懷犧牲了一生的幸福，如孔子、貝多芬。有人為堅持浪漫犧牲了性命，如蘇格拉底，如伽利略。在那個時代，爭論地球是否是圓的，或地球動不動，究竟有什麼用處？為一個渺遠空茫的天體學說而至死不悔，若非心中有大浪漫，何能如此！

浪漫，是促使人偉大的最大的張力。它提升人的心靈，激發人的意氣，膨脹人的精神，強固人的耐力，使人變得弘毅、高貴、旺盛，但也自我膨脹到進入無我狀態。想來尼采寫《查拉圖士特拉如是說》、貝多芬作第九交響樂、蘇格拉底選擇以一死教人們當如何死以及聖彼得重回羅馬城就死的時候，已進入了這樣的境界吧。這種精神極度亢奮的狀態，往往和精神錯亂狀態只有一線之隔，故其中也頗有人最後以精神錯亂終。大概也算是浪漫的代價吧。

浪漫是人文情懷的一環，故禽獸無此情緒。傑出的宗教家也常有此傾向。但人云亦云的「信徒」不在此列。浪漫也是要相當的智慧才能走進去的境地。

不談戀愛才浪漫

記得從前看舊時的通俗小說，情節不外某生年方十八，小姐二八年華，某處一瞥之後，陷於相思……當時想：從前的人十八歲和十六歲就談戀愛了，真早啊。如今畢竟社會文明了，男女總要到二、三十歲心智稍微成熟了才談戀愛，男女之事本來應該如此慎重才是。

未料後來常在媒體上看到十四、五歲的國中男女生約會、戀愛、上床的消息；而當事人每被問及，總說一起上課，日久生情；或從小看小說，嚮往那種「羅曼蒂克」的情境……云云。

談戀愛——姑不論草率上床可否算是戀愛——就是羅曼史，這個想法，是在年輕人甚至成人間普遍存在的誤會。「羅曼史」(Romance) 這個字從何而來？追蹤其字源來自以羅馬話撰寫的冒險故事或綺情故事。以其情節常涉冒險及不尋常的戀情而有「不尋常」、「特別」、「動人心弦」的意思。而在男女約會很難，戀愛總受到百般阻撓困厄的時代，其情節乃稱為「羅曼史」。

如今男女同學，在一個教室裡上課，在同一操場上運動，在校園裡散步、見面、說話、互相討論，都很容易。日久生情，做出些苟且的事情，既不特別，也不困難，這種事的浪漫在什麼地方呢？

「羅曼史」或「浪漫」，不論作為文學批評的述語或作為人類行為的註解，皆有精神狀態亢揚、心智境界升高的意義。這些特質，都是心智未成熟的男女同學的行為中所缺乏的。草草率率地「談戀愛」，馬馬虎虎地上床，實是極不浪漫，很缺乏浪漫情操的行為。學校老師，應該為同學們「說文解字」，破除其對浪漫的誤認。

男女同學若能一起上課、一起讀書、一起討論、一起活動、一起遊樂，但潔身自愛，不涉猥褻、不心猿意馬、不放縱、不談戀愛；這是很難、很特別、很不尋常的事情。同學們在求學時，能做到這樣，這才是真正的浪漫、很傑出的浪漫。浪漫，本來就是要從艱難處去追求，而不是從容易處去苟且。

聲音小才聽得見

有太多的人認為，在大家都以高分貝說話的環境裡，必須也大聲說話，才能讓人聽得見。這個誤會是物理的，也是心理的。

從這樣的誤認，乃延伸出許多吵鬧、罵街的現象，舉凡爭地盤的、打官司的、競選的、作秀的、賣乖的、拍馬的、卡位的，莫不作出理直氣壯狀、正義凜然狀、大義滅親狀、忠黨愛國狀、專家學者狀，以高分貝、黨同伐異、恭維自己、唾罵別人。私心大概都以為嗓門大了，不由得你聽不見。大家都聽到了，就是我的勝利。殊不知，在這樣的情境中，其實誰也聽不見誰，誠如法國小說家巴爾札克所說：「每個人都在說話，沒有人在聽人說話。」

其所以沒有人聽，第一，在心理上人不聽不干己的事情。第二，在物理上每個人都在說話，人人拉高嗓門，聲與聲互相抵消，混成一團叫囂之聲，無從分辨其語言，是有聲音而無語言，有語言而無意義也，有什麼用處？

在叫囂嘈雜的社會裡，唯一聽得見的聲音是很小很低的聲音。因為大家都大聲說話，你以小聲說話，獨一無二，與眾不同，其聲音之頻率與波動自成一格，如鑼鼓聲中一絲幽靜之弦音，能令聞者，怵然聳耳，此以靜制動，「大音希聲。」之理也。老子曰：「大智若愚，大巧若拙，大音希聲。」是心理與物理兩面都有道理的。

況且，聲音大，是有侵略性的，面對侵略性聲音，人的自然反應是抗拒。聲音小，是有親和力的，對於有親和力的聲音，人的自然反應是向前去聆聽這聲音。

今日的政客表面上好像很聰明，還能口誦「政治是高明的騙術」等「格言」，看來卻是聰明者少而笨蛋多，大家費力氣說大聲話，得到的都是人民的反感，卻不知善用小聲說悄悄話的方法。這是很簡單的道理，竟有那麼多人不懂，實在令人詫異。

人為什麼喜歡聽悄悄話呢？因為悄悄話出自你的口，入我之耳，是咱們兩人間的私語，不足為外人道也。你我能說悄悄話，顯見你我交情匪淺，關係不同，你特別看得起我。小聲說話，未必是悄悄話，但先天上有悄悄話的氣氛，讓人樂於接受。

相對地，大聲話，所以要大聲說，為的是讓大家都聽見。大家都可以聽見的話，還有什麼意思？那當然是可聽可不聽的事情了。中國人一向認為，凡是能大聲說給眾人聽的，都是冠冕堂皇的話、仁義道德的話、言不由衷的話。這個「認為」，也許是錯的，可是長久經驗的累積印象。

有理無理各自理

雖然不平則鳴是人情之常，但人世間有太多不平之事，若每逢不平就依常情而鳴，將會長鳴不已，終至聲嘶力竭而大概也無濟於事。李商隱詠蟬詩曰：「本以高難飽，徒勞恨費聲……」對高鳴不已的蟬，寄以莫大的同情，真是菩薩心腸。

一般人以為吃點虧可以算了，賭氣的事也可以放開，但理所當然的事，一定要爭到底，為的是一個「理」字。這樣的觀念，使很多人為一個自以為是的理，爭論不休，面紅耳赤，唇焦舌乾、氣血翻騰。我們看，辦公室裡常有人為一件事，各認為該怎麼做而爭論，兩座你來我往，從爭論變成爭吵，從爭吵變成互罵，誰都不肯先放棄，因為先放棄者，聲勢上好像就是理屈了。人生什麼事都可以屈，就是理不可屈。得理不可讓人，因為人可以讓，理不可讓，讓了理，天地間就沒有天理了，這還得了。任何事，把它升高到變成一步都不能讓的「真理」，就很辛苦了。

不妨退一步想想，天地間果真有多少理是絕對而又獨一無二的。你有你的理，他有他的理。

誰都充滿著保護理的使命感僵在那裡，要爭論到什麼時候。

各執一理還是比較不生氣的狀態。有人根本是存心不講理，只在保護自己的立場、利益、面子、權威，文過飾非而已。中國人說「詩向會者吟」，事實上，理也只能和講理者講，和懂理者爭，才爭得出結果。

但懂理，是難得的知識；講理，是罕有的素養。一個人的周圍，可能懂理者不多，講理者尤少，常常為理而爭，其實浪費精神，無濟於「理」。雖然說真理愈辯愈明，但事實上，除書上看到的蘇格拉底的世界之外，能允許人理性辯明真理的環境並不多，所謂真理愈辯愈明，只是在願意辯明真理的人中間才存在的情景。但世上大部分的人並不願意辯明真理，他們只想讓別人相信自己的理才是真理。

權力者想說服人民服從他的「領導」才是對的。上司想主張他比下屬考慮周詳，學者想證明他的發明或見解是不變的真理，販夫走卒認定適合他的道理才是真理。事實上在這樣的世界為理而爭論常常是很愚蠢而徒勞的事情。凡是洞澈理之屬性者，通常能領悟理不能力致之理。

想來，理若需要以爭論、爭吵等笨重的過程來辯明，而不能以輕靈、體會的語言去點破，其為理由，已很有限了。於此，老子的「夫唯不爭，是以天下莫能與之爭」的道理乃顯。精於理者，面對不講理的人，迂迴而過，自走自己的理路。走出理來，理就現顯，勿需爭吵。

讀書與戀愛

孔子曾慨嘆沒有見到好德如好色的人。這是盼望有人能熱切好德的心理使然。但以好德這樣的精神境界來與好色這樣的心理傾向相評比，在「類比」的項目上實有不倫之感。這是大家在面對聖人的論述時不大敢提出來的。

如果把「好色」這件事延伸為談戀愛的過程，也把「好德」的具體行動轉化成進修、讀書。只論兩者行為過程之相似或同異，而不談兩者的絕對價值（因為其價值是無法相提並論的）的話，這個比較就會得出很多很有意思的結論。

兩件事情可以拿來比較，通常是由於這兩件事情在基本上具有相當程度的同質性及相似性。譬如我們比較詩人李白及杜甫，因為他們同是人、同是詩人、同是活在唐代幾乎同一時代、同樣寫出很好的詩、同樣留名千古。有這些同質性，而後乃可互相比較，討論到其詩風、素材及格調的不同等等。但好德和好色實在不具備多少可以拿來比較的同質性。孔子的嘆息也未免拉扯太遠了。

談戀愛及讀書，兩者之間有相當大的同質性。第一，兩者都是在追求某一事物。戀愛是追求異性或追求異性的愛，讀書是追求知識或追求智慧。愛的價值與智慧的價值都同樣是自由心證的。因為它們的實用價值或具體價格並不顯著。

讀書最像戀愛的地方是必須自動自發，不能自已地沉迷進去，朝思暮想、刻骨銘心、無怨無悔、積重難返、一往深情，才能體會箇中三昧，自覺得有成就感。

一般人只知戀愛，愛到深處，刻骨銘心，殊不知讀書，讀到感動處，更刻骨銘心。因為書中的義理、書中的見解、書中的感情、書中的情境，在在能使人一見而如受重擊，再見而如夢方醒，夜半回想，那文字就刻入骨髓、銘在心中了。

且戀愛而迷入，乃因感覺對方有許多魅人的氣質。讀書而迷入也因感覺書中有魅人的義理感情。然戀愛的感覺想像的多，實存的少；讀書的感覺，實存的多，想像的亦多。所以戀愛易醒，終生戀愛者少。讀書永遠不失望，故皓首窮經者多。

所以讀書可能是比戀愛更深入、更刻骨銘心的戀愛。和讀書戀愛過的人可能不大容易和人戀愛。皆因一人的奧蘊淺、讀書的廣袤大，終生不能盡其奧蘊則終生不能不刻骨銘心了。這樣的比較當然也有不倫的一面，但就深度而言是可能發生的。

為客之道

俗云「請客一日不安」，乃因中國人一向重視請客的誠意與禮貌。是以做主人的，請個客，又怕客人吃不好，又怕客人喝不夠，又怕客人說話未得盡歡。是以費心費力張羅，叫菜勸酒，說笑話撐場面，使出渾身解數，務要使場面熱熱鬧鬧，客人都酒醉飯飽，滿意而歸。

與主人相比，中國人做客，其表現往往甚差。大約是因為一般認為做主人才應該熱誠，很少要求做客人也應誠懇些吧。

客人之差勁，首先表現在不準時到達上面。宴會訂在六時，有些人六點半才到，還有人六點半還沒到，打電話去催駕，回說正在和客戶談事情，「談完就來」。

須知應邀六點聚餐，而約客戶五點見面，根本就是應邀缺乏誠意。因為那樣的安排，事先即可預見一定會拖延時間，無法在六點半之前赴約。有一種客人官大氣粗，七點才來到，還面有得色，曰：「三點開會，四點見客，五點到另一個婚禮場面去轉了一圈，臨走時證婚人又追出來談了一番話，結果把看牙醫的約也拖後了，路上又塞車，好不容易來到這裡……。」

想來主人是必須看這個大官的臉色，所以等到明年也只好等吧。但其他的客人何辜，也陪著餓一小時？

我們認為客人為了表示接受邀請的誠意，第一件事就是準時到達。為了六時準時到達，那天五時或四時半以後根本就不可以排入什麼事情或約會。若是忙得無法如此做，寧願謝絕這個邀請。

其次，客人的差勁也表現在穿著的隨便。國內的請帖雖然很少印上對服裝的要求，但看看邀請的隆重度及宴會場所，當知應著什麼服裝前往。有人穿一條牛仔褲和T恤，就飄飄然來，混在西裝革履中間而毫無愧色，大約是以瀟灑自許吧？但瀟灑的人何必來參加這種不瀟灑的宴會，暴露無知。

最後，參加宴會，不可搶話講，也不可完全不講話，必須面帶笑容，愉快地、適當地談話，這是對主人的好意的回報。

宴會，不是演講會，不可壟斷講話，也不可口沫橫飛，說話的聲音應控制在兩公尺之內聽得見即可。不擅說話的人，可以少說話，但表情應帶著微笑。同桌若有人口沫橫飛，或說黃色笑話，並無義務「恭聆」，此時可和鄰座低聲談話。但共桌吃飯，其實以維持單一講話場面最讓主人有面子。這些都是常識——愈來愈被遺忘的常識。

為「老太婆」選美

以十八、二十歲的女子為對象，舉辦選美活動，是很沒見識的做法。年輕女子，健美活潑，身材窈窕，容貌好看，原是很平常的事情，有什麼值得大驚小怪的？在這些涉世未深，外貌漂亮，頭腦簡單的女子中選美，選來選去，選個把洋娃娃一般美麗可愛的女子出來，加以后冠，熱鬧一陣，意義不大，也缺勸世的深意，有什麼意思呢？

真要選美，應當以七、八十歲的女人為對象。七、八十歲的「老太婆」活過了漫長的生涯，悲歡離合，各有際遇，窮通聞達，皆留痕跡；處心積慮，點滴皆形於容貌；此時論其容貌好醜、身體好壞、儀態清濁，才有意義。

且年輕女子，容貌身材，皆父母所生。修為閱歷及年紀尚淺；漂亮，非本人之功勞；醜陋，也不是本人的過錯，此時選她為世界小姐或什麼小姐，她若謙虛，懂得感謝父母養育之恩，天地鍾靈之德，談話之間，尚知分寸，也還令人愉快。若是年少氣盛，語言傲慢，不但在媒體上成為不良示範，對其本人也因助成其「少年得志」而可能毀了她的一生。

相對地，為「老太婆」選美，實在是意味深長，勸人匡世、激勵人生的活動。

試想，一個女人，若活到七、八十歲，而猶身體健康，面貌端莊、表情優雅、進退有禮、語言清晰，令人見之而敬愛有加；可以想像，這個女人是如何用心，努力地活了她的一生。她必然自幼好學，長而謙虛有禮，壯年從事各種工作，全力以赴，使自己有成就感；平日待人接物有原則而彬彬有禮；堅持自己，也體恤別人，心中有愛，胸中有見識，故能長年維持心情的平衡，處橫逆而不恨不怨……。這樣的過程，才能培養出一個古稀之年而容貌可親的婦人。如到了這個年齡，容貌端麗可以居功，面容憔悴應當自責，若面貌醜惡則應當自省，她對自己的容貌負得了責任，選她為美，才有意思。如此人德，選出來才有真正的示範作用。讓眾女子，望之而心中感慨，見賢而有思齊之心。

至於選美活動的技術問題可多方研究。不能指望她們前來報名，或可採行推舉等方式，但名稱一定要叫做「選美」。因為人到了這個年齡，而猶端莊斯文，斯真謂之「美」，而且是最有深度的美，最值得大聲稱頌的美。那十八歲的丫頭，面皮好看些，能算什麼美呢？

不可慢慢死去

雖然所有的人都難免一死，但有的人纏綿病床，窮年累月受盡折磨，也折磨了家屬，然後痛苦地死去。有的人什麼病也沒有，快快樂樂地過一輩子，有一晚照常就寢，就此無疾而終，平靜往生。中國人稱後者為有福氣的人。但考察安靜死去的人，其一生作為，不只是有福氣而已，就算說它是福氣，這福氣也是修為有以致之，並不是運氣好而已。

死，實在是人生大事，不但有輕於鴻毛，重於泰山之死，也有濁於泥濘，清於清流之死。而最可怕的，莫過於慢慢地死去。

慢慢地死去，除了長年臥病之外，也有一種精神的疏離、感覺的薄弱、意識的模糊，漸漸走上「行屍走肉」之情態而死的結果。

通常人，當其年輕時，好動好奇，看個電影就快樂得不得了，吃個冰淇淋也津津樂道。馬路上看到車禍，立刻上前圍觀，速食店賣凱蒂貓，他便徹夜排隊購買。不論有價值沒價值的事，他都興趣濃厚，反應熱烈，什麼事都參與，什麼朋友都交，什麼地方都要去，什麼食物都想吃。

但這，常常只是年輕力壯，精力過剩，頭腦幼稚時的現象。隨著年事漸高，看得多了，吃得多，經歷多了，慢慢的，那五花八門的社會諸現象，變得沒那麼有趣，再也引不起他的熱情。於是終於變成了一種老人，這種老人世間萬般事物，皆與他少有關連，每天發生的事情皆不能使他有什麼感覺。從此，他所關心的事情愈來愈少，他所看得起的事、人、物也愈來愈少，從而，這個世界對他的意義也愈來愈少。而由於長期的無感覺，感覺愈來愈遲鈍，心思愈來愈疏離，其性命的內涵愈來愈薄弱，雖未徹底死去，卻是活得很少了。這，叫做慢慢死去。

許多人以為人老了，當然都會走上這樣的路。事實與理論皆不必如此。人老了，對年輕時所感興趣的會愈來愈淡。但對年輕時不感興趣的事物也可能愈來愈感興趣。成熟的人與不成熟的人，關心的事物不一樣，本來是很自然的事，老年人應當失去一些興趣，但會增加其他的興趣，而成熟的頭腦，安靜的心境，坦然的心情，其所感興趣的事物會愈來愈與絕對價值、文化深度相接近。

人，終其一生，應當為這樣的能力傾向而修為。壽命長短，雖或不可抗力，但不可讓自己慢慢死去。應當使自己至死前都明白、敏銳、快樂、有趣。然後一夜之間死去，是為大往生。

無窮盡的恐怖

死亡不是最可怕的事情。死亡之所以會有可怕的印象，乃因有關死亡的神話、迷信、傳說太多，人尚未面臨死亡，就已非常害怕死亡。

相對地，人若真正能長生不老，那實在是很可怕的事情。想想看一個人活到萬年、百萬年、永恆……永遠活著，不是很可怕的事情嗎？但一般人很少想到「永生」的可怕，只因沒有這方面的神話、傳說，且一種永無止境的事情既超乎人的理解範圍，也就絕乎人的想像之外。

人期盼長生不老，乃因壽命有限。猶如買房子計較三十坪或三十二坪，只因房子實在太小。如果有一天你能享有無限的空間，空間會頓時對你失去意義。其實，如金錢、財富、權力、享受……如果變成無窮無盡，也都會失去意義。不但失去意義，而且會變成無窮盡的恐怖。因為無窮的宇宙、空間、時間、權力——譬如說走向哪裡都走不盡，任你做什麼事永遠都無人遏止你的可能，這是多麼恐怖的事情。

秦皇漢武以來，人們常談到長生不老。但所謂長生，也只是在人生七十古來稀的基礎上想像八十歲、九十歲、一百歲、兩百歲。稱皇帝曰「萬歲」，那也只是一種恭稱，因為不可能活到萬歲，自也從沒有去認真思考萬歲究竟有多久。你若認真思考，一萬歲是一百歲的百倍。中國自神話時代的黃帝軒轅氏迄今不過五千年，有信史的時代才三千年，若叫你從夏禹、商湯的時代活到今日，活四千年，你的感覺如何？如果你這一輩子活了一百歲，臨終時告訴你還有來生，可以再從頭活一遍一百歲，你願不願意？耐不耐煩？如果再活了一百年，臨終時又告訴你，你還可以活九十九個這樣的人生，你的感覺如何？會不會有些害怕，覺得算了，已經很夠了，不要了。但這只是說一萬年的事情。如果一萬年又百倍成一百萬年，又乘無窮倍成為無窮無盡，你是不是愈想愈害怕？

人——正常的人都害怕不能理解的事情。而無窮大、無窮久、無窮深、無盡頭、無限制，都是有限的思考模式所不能理解的事情。不能理解的事情，其危險是不可測的。你甚至不知道它有沒有危險，或者它是否有你所熟知的危險以外的狀況。人對死亡的害怕，其實不在死亡本身，而在死亡以後的不可知。

但相形之下，永遠不死，是更可怕的事情。因為時間的無窮盡是人迄未體驗過，也永不可能體驗的事情。所以會有無窮盡的恐怖。

男女關係的文明

全世界絕大部分的地區，其道德律，都是由男人制定的。因此道德觀念愈森嚴，也就是愈「有道德」的社會裡，女權愈低。這話若反過來說，女權愈高的社會，愈沒有道德，雖然讓女性很不服氣，卻常常也是真的。

因為男人制定道德，先思考如何規範女人，規範女人之後，又想到男人之不道德行為，常和女人有關。又再制定女人接觸到男人之際的規範。男人之不道德不從男人本身去限制，卻從女人所參與，或女人的誘因上去限制，於是女人在重重限制之下，幾乎不能動彈了。最後，男人以僅剩的精力，意思意思也規範一下男人之間的小人物與老百姓的行為，這道德律就算完成了。

在宗教情操很高，道德風俗皆比較謹嚴的阿拉伯國家裡，女人要把臉遮蓋了才能出門，有許多女人，很少出門，也不當公務員，不在外工作，不出門應酬，過著西方人士感覺中的中世紀的生活方式。

但男人如此規範女人，男人本身也受到這種規範的影響，不但就很少有打情罵俏，騷擾女人的機會，也不大可能交異性朋友，建立比較文明的兩性關係了。重要的是阿拉伯男人願意受此約束，也相信這樣的規範是對的，不講究男女平等那一套，日子也能過去。

在歐洲及東亞一些地區，有男女很平等的社會。在這些社會裡，幾乎男人能做什麼事，女人就能做什麼事——這「什麼事」裡面，自然也包括男人能做什麼壞事，女人也就能做什麼壞事。許多女權運動者為此沾沾自得，以為這是多年奮鬥得來的結果。

殊不知，這事實上是道德解體，男女皆可為所欲為的現象，實質上屬於男女分贓的做法。因為男人自知自己也沒什麼道德情操，早已失去要求女人應如何如何的立場與權威，那也只好閉一個眼睛，視而不見了。這就是女權愈高的社會，愈沒有道德的背景真相。

如果我們接受「萬惡淫為首」這句話的普遍性，那麼鑑於犯淫的動機與臨場的遂行多半由男人主動的事實，可以了解男人在抗拒這種「罪行」（它是「罪行」，也是男人設定的）的能力非常薄弱。男人正因知道自行的脆弱，所以設法把婦女關在不易侵犯的地方，以避免「罪行」之頻頻發生。道德枷鎖之所以大部分落在婦女身上，可說是男人用來提防自己的一種相當無理而笨拙的辦法。而男女真正的平等，男女關係的文明，必待男人到了能安心、從容與女人相處而無恐懼之日，才能實現。沒有恐懼就不需要道德，也就沒有道德迫害了。

人的分類

人的知識或認知，透過某種模式 (pattern) 而著落，有如畫面或資訊透過數位單位 (digital unit) 而呈現一樣，一直以其方便性，而為人類思考的主要方法。

但所謂模式，上自精深微妙的康德所提倡的「範疇」，下至粗糙通俗的類型化 (stereotyped) 概念，其所能敘述、呈現、思考的內涵，在精微度、纖細度及境界上有天壤之別。

因此，一個人對人類的分類法，以什麼概念來分，便見出這個人思慮的深淺，及境界的高低。一般人如何看別人呢？他們通常把人分為男人及女人、老人及年輕人、富人及窮人、漂亮的女人及不漂亮的女人、做官的人及卑微的人、有學歷的人及無學歷的人、好命的人及歹命的人、四海的人及孤僻的人、健康的人及不健康的人、好人及壞人、正經的人及不正經的人、名人及無名小卒、成功的人及艱苦度日的人、親切的人及不友善的人……。

孔子認為人有君子及小人、有仁人及不仁之人、有習禮樂之人及不知禮之人、好學的人及不學的人、危言危行的人及言詭而辯的人……。孟子認為人有舍生取義之人及貪生怕死的人。英國作家王爾德認為人應分為有趣的人及無趣的人。莎士比亞認為人有肯借錢的人及不肯借錢的人；也有見面令人高興及不見面才令人高興的人。亨利詹姆士（Henry James, 1843–1916，《一個淑女的肖像》作者）終生關心成熟的人及天真的人的功過得失。哲人尼采將人分為超人及愚人……。

小說《儒林外史》力寫已做官的人及想做官的人。《水滸傳》把人分為勇敢正直的強盜及貪瀆無能的官吏。《金瓶梅》寫貞潔的女人及不貞潔的女人。《三國演義》寫奸雄與英雄。《紅樓夢》寫了一大群難分好壞、不易歸類的男女，因其無法分類而奧蘊愈深。莊子反對人、物、大小、善惡、是非、美醜的分類法，因其不分類而議論愈玄。

近代大哲學家康德（Immanuel Kant, 1724–1804）在其哲學思索中，追求可以涵蓋人類思考方式的範疇，最後達成了十二個範疇（categories）。這十二個範疇是我們一般的概念形成的根柢：分別是量的統一性、多數性、全體性；質的實在性、否定性、限制性；關聯方面的實體性、因果性、交互性；樣式方面的可能性、存在性及必然性。這些「性」先天存在，人的知識依附它而存在……云云。這些，當然是太專業了，但人看看太專業而不懂的概念也有好處，至少不會理所當然地去把人和事理分類為對與錯、好與壞……等等。「臨事而懼」，也是求知的開始。

有禮才愉快

中國人常常無禮貌而不知自己無禮貌。美國人選擇性地有時有禮貌、有時無禮貌。當他無禮貌時他知道自己無禮貌。日本人常常有禮貌而不知自己有禮貌。

日本人不知自己有禮貌，因為周圍的人都一樣和顏悅色、鞠躬作揖，難免以為那是大家都一樣的正常現象。

美國人對必須禮貌的人禮貌，對於不必禮貌的人他可以友善，也可以冷漠。對於他不喜歡或看不起的人他就不禮貌，而且蓄意不禮貌。

中國人不禮貌，可能是因為自出娘胎以來很少看到禮貌的情景、風俗及示範，因此不覺得世上有禮貌。禮貌好像只是公民課本上的一個名詞罷了。當然，這說的是現代的中國人。在過去，中國號稱「禮儀之邦」，周、孔以下，屢闡禮之神髓，傳到日本而有今日日本人之禮貌與虛禮；傳給子孫，也曾成彬彬有禮之氣象。奈國家不幸，斯文淪喪，迨至今日，禮儀湮滅。有的是衣食不足，不知禮儀；有的是衣食太足，「無需」禮儀。廟堂之上天天詬誶相對，風行草偃，庶民就更不知禮儀為何物了。

日本人自隋唐之際，透過「遣唐使」大量輸入中華文化，歷一千年，在重商主義的社會裡還維持彬彬有禮的風俗，雖是約定俗成，無禮之人會受到眾人的排斥，實也可視為中華文化衍化延伸的最成功的一個例子。

美國人立國年月尚淺，實事求是，以為對值得禮貌的人才禮貌，對不值得禮貌的人可不禮貌。問題在禮的精神原不在對人而在維持自己的品格。對方不值得尊敬固已無論，但自己何必，亦怎可陪他成為不可敬的無禮之人？說得更深入一點，對方固然是渾蛋，但你對他無禮，你很愉快嗎？他固然受你無禮是罪有應得，但你有何罪而使自己不愉快？

任何人大概都有此經驗，對人有禮，事後心情愉快。所以會心情愉快，因為覺得自己又一次展現素養。對人無禮之後，事後心情不樂，其所以不樂，因為自覺得自己又一次失去了自己的優雅氣度及平衡(composure)。所以，禮貌與不禮貌，對自己的相關最大，予別人的印象猶在其次。

就這個意義而言，日本人是很幸福的。美國人是蠻無知的。中國人是很可憐的。中國人作為地球上最早有禮儀文化的民族的後代，也是很慚愧的。

根據文明的概念，一個民族若無任何成就，卻彬彬有禮，這民族是可敬的。若是空有財富，卻無禮貌，這民族就尚不是文明的民族。

我們總以為文明是在城市裡可以看到的建設、藝術、氣象。殊不知，禮才是文明的核心；自孔子倡導禮樂治國時，已經如此。

無奈為「君子」

女人而「淪」為良家婦女，男子而謬受君子之名，常常也是一種無奈。在從前，社會的道德判斷是很類型化的。一個男人若才不足以為惡、勇不足以造反，終生困在牘下，無所事事，粗看跡近安分守己，「居之似忠信，行之似廉潔，眾皆悅之」，亦可成「君子」之名。這名，對授受雙方都是很冤枉的。

譬如一個男人，要成為聖賢豪傑固然很難，要明顯的成為小人也要等待機會的。小人者經之營之，暗中拍馬，逢官阿諛，韜晦數年，終於有升官發財之機會。此時他眼看機會稍縱即失，大步向前，排擠同儕，大聲歌功頌德，涎臉巴結上司，謊言與陷害並用，無所不用其極地去搶奪這升官發財之機會，這時候其小人嘴臉、歹毒之手段就顯露出來了，於是周圍的人恍然其原是卑鄙小人。

但世上並不是每人都有此「幸運」，可以展露其小人的能耐。有些人雖懷小人之心，藏卑鄙苟得之志，但終生「不幸」，未得與升官發財之機緣相遇，沾不到歌功頌德之邊，不知上哪兒去拍馬，雖欲厚顏奉迎以求售，無奈走投無門，也只好一生悻悻然過日子。友朋見他終日臉色陰沉，憂心忡忡，或以為他憤世嫉俗，不遇於時；或以為他另有懷抱，君子有終生之憂，寬容之、同情之，君子之名就不期然而至了。當事人莫名其妙，得此恭維，心想反正此生也沒什麼指望了，樂得做好人，得過且過。這種人，只因未有機會做真小人，所以淪為偽君子。因為這種人不是故意裝好人，所以不易察覺，也不惹眼；又因卑微而渺小，不像「王莽禮賢下士」時那麼招搖。但這種人，為數甚多，潛藏在社會各階層，雖無大害，但被誤認為君子久了，容易造成市井對「君子」一辭之錯覺，以為所謂「君子」不過是此等人品而已。漸漸地，世上就沒有真君子了。「惡鄭聲，恐其亂樂也。惡紫，恐其亂朱也。」否則人人皆稱君子，又有何妨？

何謂文明？文明是一種精緻的文化。在這種文化裡，人們逼視人、事、物的本質。以真正謙恭有禮者為君子，卑鄙自私者為小人。不以類型化的表面判斷事物，是故這樣的社會有真小人而無偽君子。君子之內涵，得以保全。小人之惡劣也無法混淆耳目。

相較之下，寧願有真小人，不可有偽君子。真小人，人人皆知其為小人，故為害不大。偽君子，人人皆以為其為君子，故影響太大。

青少年的痛苦指數

媒體訪問了一些青少年，結論是「青少年的痛苦指數升高了」。

應當意氣飛揚地玩樂，心安理得地上學的青少年，為何會有「痛苦」呢？看他們在電視上說看不到未來的願景。不知如何應付功課、準備升學……等等，為他們哀，為他們難過，也為走到這地步的社會難過。他們的「痛苦」可能來源也很多，但主要的問題可能是面對著不確定的「教改」，不知如何因應，不知如何讀書吧。而「教改」在一再修改辦法、加減辦法、方向不明的狀況下，學生與家長們都甚感困擾，迄今沒有明朗的去向，卻制度愈來愈複雜，無法透視其將如何結果。

有一種賭徒傾家蕩產的模式，就是賭徒愛賭，手癢時就賭一把，這一把輸掉了，他當然心有不甘，而且他老是覺得，再賭一把，一定能連本帶利贏回來。於是他賭第二把，結果第二把也輸掉了。他還是不甘心，就再賭第三把、第四把……最後把房子田園都賠上了，傾家蕩產。

賭徒當然是無知貪得之輩，不足論也。但普通人也往往有類似心態。譬如做一件事，結果不好，他也許認為不是做得不好，而是不夠好，可以再補強。於是又另出一個主意，修改方向，加入另外的辦法。結果仍然不好。但此時，已經做了，勢難作罷，於是再出一個主意，再加補強……於是這件事，已失原來的方向，變得東補西補，連原創人都不知如何是好了。

我們有一個想法。「教改」這件事不論當初是基於什麼主意，由誰開始做的。能不能就此很大方地承認它做得不好，即時剎住，停止所有的「改革」，並完全恢復「教改」以前的狀態。因為至少在那時候，大家都已習慣並了解「聯考」及當時的一些教育制度的內容，可以一心一意去準備因應自己的功課和未來的考試。就算那時候的制度狀態不是好制度好狀態，但「已知之惡」，比當前的亂象及「不明之未來」令人安心。為了可以讓莘莘學子及其父母暫時恢復可以安心讀書的狀態，政府不妨暫把「改革教育」的雄心壯志擱置下來。將來若透過深思熟慮而找到了「教改」的更好辦法，不需以學生為白老鼠來做實驗而行得通的辦法，再回來執行這「雄心壯志」。則幾百萬學生、青少年的痛苦指數，也能下降一些。

教授VS.工人

初到中國大陸，聽說他們的大學教授月薪往往不如一個資深工人的俸給，頗有斯文不受重視的感覺。但多觀察海峽兩岸的「文化」及「學術」界，卻對「或勞心或勞力」的分際有些另類思考。

一般認為，工人做工，雖需體力，其事易為，沒什麼不得了。教學為百年樹人的大計，得天下英才而教育之，竭智勞心，非常辛苦，應支重酬。

但工人做工，做出來的物品優劣立判，很難偷工減料。生產出來的東西，有一定的用處及價值，故其功能是具體而明顯的。

相對地，所謂文化工作，功能是難以判斷的。就以大學或中小學教師為例，教得好的教師，固然是作育英才，價值連城。但教得不好的教師，可能誤人子弟，一文不值。

但在固定的制度下，好教師和壞教師支一樣薪水。在實質上，這薪水對好教師而言絕對太少，但對壞教師而言似乎太多。這薪水的標準就很難定了。

如果在一個社會裡，壞教師或馬馬虎虎的教師多於優秀的教師，那麼感覺上對全體教師支高薪好像是不公平的又浪費的。大學教授的薪水如果低於工人的薪水，是否也意味，整個社會對大學教授的品質的信任度低於對工人的信任度？這些大學教授雖然頂著「作育英才」，「有教無類」等榮銜，但如果實質上距離孔老夫子的氣質很遙遠，似乎不得信任，也是無可奈何的事情。

據此，大學教授的薪水低於工人，其實也不算什麼傷天害理，或斯文掃地的事情。當年孔子圍於匡，自言「斯文在茲」。今日的大學教授（當然是集體名詞）不知有此自信否？即使有此自信，這自信也還需要經過受教者及社會的檢驗。

一般認為工人不必唸什麼書就可成為工人。大學教授通常需從小學、中學、大學到研究所、留學一直唸下去，拿了學位才夠資格擔任。中間費時費錢又辛苦。所以大學教授應該薪水高於工人——這是一種形式主義的想法。在理論及實際上投資多不保證成品好，費錢又辛苦和斯文不斯文沒有必然關係。和對社會的貢獻更無必然關係。

當一個社會裡教授的薪水常常低於工人的薪水時，除了責備這個社會因為太落伍所以不懂得尊重文化之外，可能也需檢驗一下，這社會的教授有幾許文化，或這個社會有幾許文化，其中有幾許是來自大學教授。

當年孟子說：「或勞心、或勞力，勞心者治人，勞力者治於人。」卻始終未曾言及誰該多拿薪水。他不曾言及，莫非也是認為此事與薪水多寡無關？

單字無用

好像有一大堆英語專家和教育專家，很起勁地討論了好一陣子，要選五百個或一千個英語單字，讓小學生去認、背，以「奠定學習英語的基礎」。

能想到要教毫無英語基礎、也不知英語為何物的小學生去背五百個至一千個英語單字，真是很恐怖的事情。這要教我背，我大概一輩子都背不下來。

不知有多少能說中國話、寫中國文、讀中國書的人，當初是從背五百個漢字開始學習的？或是什麼基礎都沒有就把《千字文》背下來了？就我們所記憶，小學生認字，通常從「人，人有二手，手有五指……」或「爸爸每天去上班、媽媽天天上菜場」等等開始的。換句話說，人認識字，不是靠背單字，而是從簡單的句式、短句、短文開始讀、朗誦而逐漸在文句中認識字的。因為字，必須在文句中才有意義，其功能才顯現出來，其在各種不同的文句中的微妙的意思也才呈現出來。小孩記住了文句，即把文句中的字一起記住了，同時也逐漸體會到那些字在文句中的作用、排列，及大同之中有小異，有時也有大異的複雜的功能。

初學任何語言，不是去背單字，因為孤立的單字只有一層表面的意義，且由於其孤立，極為難記。當單字被用在文句中時，單字的生命才現出來，而文句因有完整具體的意思，容易記。一句十個字的句子，比其中任何一個單字都容易記。單字今天記了，明天就忘，文句記了，其意思滲入記憶中比較難忘。幾十年前或更早期，坊間即有五百句式 (sentence pattern) 之類的書供應，怎麼到了今日還有人主張死背單字這種事情。

單字不但用在文句裡才有生命，而且用在愈有趣、愈有啟發性的句子中，其生命愈豐富。所以小學生讀英文，要從句子看起，漸漸看有情節或義理的書，如上學、購物等生活情節的描寫，進而看童話故事，再進而看較複雜的故事，最後必須看小說，才有學好任何語言的可能。因為小說中的語言是生活語言，有感情、有喜怒哀樂、有人情義理、有思想、有哲理。寫得好的小說能撼動人心，讓人終生不忘。自然也讓人終生不忘記述那情節的文字、文章、句子，及單字。單字，是要到這種地方才記得的。不是挑了五百字，放在那裡冷冰冰地，讓小學生死背。小學生也是人哪！

三民叢刊

人文之旅

257 時還讀我書 孫震 著

「既耕亦已種，時還讀我書」，歷經艱辛，從人生第一線從容退下來，繼續素志，不能不說是一種幸福。本書談人生點滴，敘還鄉情怯，言師友交誼，以髮上青春的墨色，留下扉間歲月的字跡。所見的不只是天地悠悠，更有生命的尋思與豁然。

243 何其平凡——何凡散文 何凡 著

秉持「原子筆報國」信念，何凡在九十餘歲的高齡，在人生閱歷臻至成熟的白金時代，用「何其平凡」之筆，寫下「何其不平凡」的識見，也為他馬拉松寫作七十年，劃下完美的句點。

227 如果這是美國——一位退休外交官看臺灣 陸以正 著

面對每天沸沸揚揚的話題，您的感想是什麼？是事不關己的冷漠？還是無法判斷是非的茫然？一位終身奉獻外交事務的外交官，以駐外三十五年的經驗，告訴您「如果這是美國……」

150 資訊爆炸的落塵——今日傳播與文化問題探討 徐佳士 著

資訊時代來到之際，人類社會面臨傳播與文化的種種問題，今日資訊生產與傳散的驚人現象有如核子彈爆炸一般，產生出人意表的「落塵」，不容忽視。

130 人文之旅 葉海煙 著

介於純粹思維與課題討論的文字，一個不肯自我放逐，卻也無能全身介入行動世界的知識分子——「人文之旅」將一直是一項邀請，邀請所有願意真實地在這塊土地過活的人們。

107 養狗政治學 鄭赤琰 著

養狗毫無疑問是一門很精深的學問，因為一樣狗可以被養出百樣用途。但是所有的狗，都比不上政治狗。狗被養在政治圈裡，扶持主人玩政治，可說是橫掃其他學問，是養狗學問之冠。

61 文化啟示錄 南方朔 著

文化評論涵蓋各個層面，必須有歷史及思想的縱深，還必須有既本土又世界的眼光。文化評論者南方朔所提供的就是這樣的視野，本書是有關「文化」問題最好的頭腦體操。

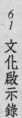

經典重刻

273 楊肇嘉回憶錄

楊肇嘉 著

在臺灣近代史上，楊肇嘉先生是一位顯眼的知識分子，他愛臺灣的方式令人欽仰。本書對日據時代臺灣人的和平抗日活動描寫詳盡，從中可觸摸到當時知識分子為土地人民奮鬥的心跳。在作者的自述中，我們聽見他正以慷慨的熱情與臺灣時空演奏出真摯悅耳的旋律。

267 生命的學問

牟宗三 著

牟宗三先生學貫中西，融會佛儒，是享譽近代的哲學大家。本書集合了他在期刊學報發表的若干文章，內容或為哲學專題的探討、人生問題的思索；或為生活心情的記實、前塵往事的追憶，是一窺當代哲學大師心靈世界最好的途徑。

259 西遊記與中國古代政治

薩孟武 著

優秀的學者總能從耳熟能詳的故事中闡述道理，本書作者正是這樣。他從西遊記裡摘了些段子，說明政治的原理及中國古代政治現象。想知道有哪些精彩妙喻嗎？就請您自己來看囉！

國家圖書館出版品預行編目資料

莎士比亞的政治語言／謝鵬雄著.－－初版一刷.
－－臺北市：三民，2004
面；　公分－－(三民叢刊:278)

ISBN 957-14-3964-9　(平裝)

1. 論叢與雜著

078　　92022062

網路書店位址　http://www.sanmin.com.tw
 莎士比亞的政治語言

著作人　謝鵬雄
發行人　劉振強
著作財產權人　三民書局股份有限公司
臺北市復興北路386號
發行所　三民書局股份有限公司
地址／臺北市復興北路386號
電話／(02)25006600
郵撥／0009998-5
印刷所　三民書局股份有限公司
門市部　復北店／臺北市復興北路386號
重南店／臺北市重慶南路一段61號
初版一刷　2004年1月
編　號　S 811180
基本定價　貳元肆角
行政院新聞局登記證局版臺業字第〇二〇〇號

ISBN　957-14-3964-9　(平裝)

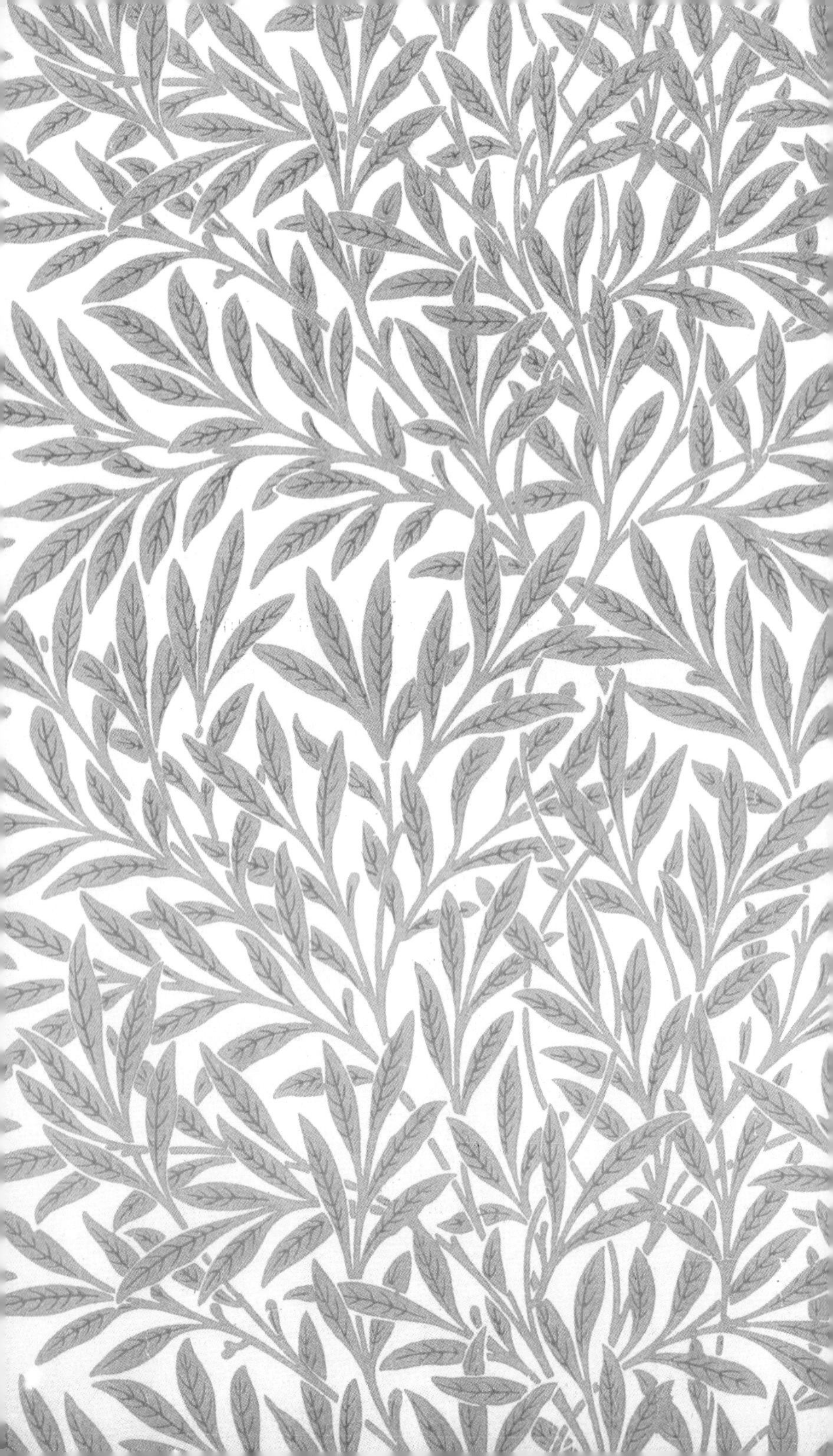